나를 변화시킨 일곱 가지 질문

나를
변화시킨
일곱 가지
질문

손석제 지음

규장

사랑하는 아내 진아와
딸 서연, 아들 서준이의
이 땅에서의 천국 같은 삶의 행복과
영원히 함께할 천국의 소망을 위해

아직 하나님을 만나지 못했기 때문에 생기는 질문들

최근 '데이터 사이언스'라는 첨단 과학 분야에 종사하는 손석제 박사가 쓴 《나를 변화시킨 일곱 가지 질문》을 흥미롭게 읽었습니다. 손 박사가 묻는 질문들은 제가 젊었을 때 늘 물었고, 또 지금도 많은 사람이 묻는 질문들이기 때문입니다.

광물이나 식물이나 동물과 다르게 사람은 많은 생각과 질문을 하며 삽니다. 우리는 어디서 왔으며, 왜, 어떻게 살아야 하며, 인생의 궁극적 목적이 무엇인지 등 쉽게 답을 얻을 수 없는 우주와 인생의 실체에 대한 질문들이 있습니다. 고대를 비롯한 현대 철학자들과 종교인들이 계속 물었고 또 지금도 묻고 있는 질문들입니다. 철학자들은 계속 질문해도 답을 하지는 못합니다. 이성의 한계는 곧 인간의 한계이기 때문입니다. 종교인들은 큰 질문들에 대해 답을 주려고 노력합니다. 저자도 이성적으로 생각하고 질문해온 한 분입니다. 감사하게도 그는 질문들에 대한 답을 찾게 되었고, 다른 사람들과 같은 삶을 살면서도 본인이 찾은 답 때문에 행복하고, 평화롭고, 감사하고, 즐겁고, 의미 있는 인생을 살게 되었다고 고백합니다.

종종 과학을 공부해서 믿음을 갖지 못한다는 분들이 있는데, 손 박사의 경우 과학을 공부했기 때문에 오히려 신앙을 더 잘 이해할 수 있었습니다. 과학은 하나님이 창조한 물리적 세계의 작은 한 부분을 관찰하고 연구하는 학문입니다. 연구를 하면 할수록 창조자 하나님의 광대하심과 지혜와 능력에 놀라며 더 감탄하게 됩니다. 과학이 가장 발달한 현대에도 수많은 과학자들이 신앙생활을 착실히 합니다. 아직 신앙을 갖지 못한 과학자들도 신앙을 갖지 못한 다른 분야의 사람들과 동일한 상태에 있을 뿐입니다.

손 박사의 일곱 가지 질문뿐 아니라 더 많은 질문이 있을 수 있습니다. 그러나 모든 질문은 단 한 가지 문제 때문에 생깁니다. 즉, 아직 하나님을 만나지 못했기 때문에 생기는 질문들입니다. 여러 해 전에 신앙이 있는 형이 아직 신앙을 갖지 못한 동생을 안타까워하며 제게 그를 한번 방문해달라고 부탁했습니다. 그래서 그 동생을 만났는데 그는 네 페이지에 걸쳐 질문을 써놓고 저를 기다리고 있었습니다. 그런데 네 번째 질문까지 들었을 때 그의 질문에 모두 답하려면 밤이 새도 못할 것 같았습니다. 그 질문들은 다 한 가지 이유 때문에 생기는 의문들이었습니다. 예수님을 인격적으로 만나면 다 풀리는 질문들이었습니다. 우리는 그 한 가지 이야기를 하기로 했고, 결국 예수가 누구인지 알게 되자 나머지 질문들이 필요가 없어졌습니다.

프리즘을 통과하면 빛은 일곱 가지 화려한 색으로 나타납니다. 그러나 빛이 없으면 아름다운 인생의 색상들을 볼 수 없습니다. 손 박사는 빛이신 하나님을 만났습니다. 그러자 모든 것이 풀렸고 지금도 계속 풀리고 있습니다. 그의 삶이 풍성해졌습니다. 어떤 과정을 통해 그렇게 되었는지, 그는 비교적 평범한 자신의 삶에서 찾은 답을 이야기합니다. 현대를 사는 모든 분들에게 좋은 길잡이가 될 것입니다. 이 책을 읽는 독자들이 하나님 안에 있는 포괄적이고 일관성 있으며 균형 있고 폭넓은 엄청난 자유를 누리게 되기를 바랍니다.

김상복 햇불트리니티신대원대학교 명예총장, 할렐루야교회 원로목사

추천의 글 2

진지한 질문에 응답하시는 하나님

손석제 박사가 쓴 《나를 변화시킨 일곱 가지 질문》을 읽으면서 받은 가장 큰 감동은 신실하고 정직하게 주님을 찾는 저자의 마음이었다. 이 땅에 살지만 하나님나라에 속한 사람을 만나는 것은 말로 설명할 수 없는 기쁨이 아닐 수 없다. 또한 감사한 것은 자신이 만난 하나님, 그리고 품었던 많은 영적 질문들의 답을 찾아 나가는 믿음의 여정에 대하여 그것을 많은 사람들과 나누기로 결심하고 책으로 출간하였다는 것이다. 이 일은 결코 쉬운 일이 아니다.

이 책은 불신과 회의의 시대를 사는 후배들이 던지는 신앙 질문에 대하여 애정을 가지고 자신이 얻은 결론을 설명해주는 자상한 선배를 연상시킨다. 손석제 박사는 목회자나 신학자가 아니라 데이터 과학과 인공지능 전문가이다. 그래서 그의 책만이 갖는 설득력이 있다. 그가 단지 듣고 읽은 지식만이 아니라 삶과 말씀의 묵상을 통하여

'체험으로 만난 하나님'을 증거하는 것이기에 읽는 이들에게 쉽고 설득력 있게 다가온다.

그리스도와 복음에 대하여 진지하게 알고자 하는 모든 구도자들에게 이 책을 추천하고 싶다. 부모, 형제, 친구에게 전도하기 전에 먼저 이 책을 읽어보도록 하는 것도 좋을 것이다.

누구도 저자와 똑같은 삶을 살지 않고, 같은 체험을 하지도 않을 것이다. 그러나 저자와 같이 하나님과 영생에 대한 질문들에 대하여 회피하지 않고 진지하게 마음에 품고 기도하면 누구나 주님이 주시는 답을 얻게 될 것이다. 예수 그리스도와 복음에 대한 모든 질문은 오직 성령으로만 답을 얻을 수 있다. 이 책을 읽으면서 동일한 진리를 깨닫게 된다. 그래서 이 책을 읽으며 기도하는 시간을 함께 갖기를 권하고 싶다.

유기성 선한목자교회 담임목사

추천의 글 3
어려운 질문으로 복음을 거부하는 이들에게

우리는 지금 빠르게 발전하는 과학 기술의 시대를 살고 있다. 특히 생명공학 영역에 집중 투자하며 영원히 죽지 않고 이 세상에서 살 방법을 찾아내려 애쓴다. 지금은 100세 시대이고, 앞으로는 수명이 더 늘어날 전망이다. 그러면 이런 시대에 과연 신이 필요한가? 영생에 도전하고 있고 인간의 힘으로 질병을 해결하는데, 과연 전능자의 존재가 있는지, 그것이 필요한지를 묻는 이 질문이 항상 믿는 자들에게 주어질 것이다.

손석제 박사의 《나를 변화시킨 일곱 가지 질문》은 최첨단 과학자가 유학 시절 하나님을 만나면서 갖게 된 질문과 크리스천이 되고 난 다음 삶에서 만난 사람들에게 자신의 삶을 나누며 들었던 질문에 대한 답이 들어 있다.

믿지 않는 사람들은 예수님을 믿으면 많은 의무가 주어지며 포기해야 할 것들도 많다고 오해한다. 목사가 그렇지 않다고 아무리 말해도 잘 믿지 않을 것이다. 그러나 평신도의 입장에서 믿음을 가질 때 우리가 누릴 수 있는 영적 세계는 말로 다 표현할 수 없이 크다고 자신 있게 말한다면 그 고백의 무게가 매우 크게 다가오리라 생각한다.

아직도 믿지 않는 부모, 형제, 친구 그리고 전도하려고만 하면 어려운 질문을 해가며 복음을 거부하는 이들에게 다가가기 전에 이 책을 꼭 읽어보기를 권한다. 이 책에서 다루는 질문들에 대한 정제되고 간결하지만 진심이 녹아 있는 답변들이 듣는 이들의 마음을 움직이리라 믿는다. 이 책을 통해 믿는 자의 수가 늘어나기를 기도하며 강력히 추천한다.

권준 시애틀 형제교회 담임목사

믿음 안에서, 믿음 때문에 생기는 질문들과의 씨름

저자는 이십 대에 예수님을 만나 믿음의 길로 들어섰다. 그 후로 믿음 안에서, 때로는 믿음 때문에 생기는 질문들을 껴안고 마치 얍복 강가의 야곱처럼 혼신을 다해 씨름했다. 그리고 그가 책에 썼듯이 "완성의 모습은 알고 있으나 그에 이르는 과정은 계속 겪어 나가야 하는 여정"이라고 하는, 이 땅에 사는 순례자의 실존을 이해했다.

또한 그는 복음을 듣고 처음 품었던 소원을 실제로 이루어냈다. 달려만 가지 않고 한순간 멈춰서서 그 자리까지 당도한 자신의 이야기를 솔직하고 진지하게 기록해보자는. 자신이 향하는 방향(하나님)과 믿음을 살아내는 자신의 삶의 표현들을 되새기는 작업의 결과가 바로 이 책이다.

비록 우리의 목표(하나님)는 같지만, 신앙의 여정을 살아내는 과정이 같은 사람은 하나도 없다. 그러나 모두 하나님을 향한 진실한 소망, 즉 예수 그리스도의 성품(완성의 모습)이 우리의 인격 속으로 흡수되어 삶으로 살아지기를 갈망한다. 이 책은 저자의 이 같은 소망이 또한 우리의 소망이 될 수 있음을 상기시키며 도전한다.

계은덕 남가주대학교 의과대학 명예교수

신앙에 대한 의문
그리고 믿음을 갖게 되는 과정에서 만난
질문과 대답들

믿음을 갖기 시작하여 여러 질문들에 대한 해답을 찾아가던 2000년의 유학 시절이었습니다. 미국 동남부 조지아주의 고즈넉한 햇살이 비추던 어느 주말에 교회 청년부 친구들과 한 선배의 허름한 자취방에 간 적이 있었습니다. 잠시 방을 둘러보니 책상 위쪽 벽에 앞으로 해야 할 일을 빼곡히 적어놓은 종이가 걸려 있는 것이 보였습니다. 당장 할 계획도 있었고 언젠가 반드시 하고자 하는 것들, 요즘 말로 버킷리스트 같은 것도 있었는데 그중 하나가 눈에 들어왔습니다.

"내가 아는 하나님에 대해 책을 쓴다."

아직 믿음이 크지 않았던 저였지만 그 선배의 이 소원이 상당히 인상적이었던 것 같습니다. 하나님에 대해 책을 쓴다는 것. 낯설었지만 좋아 보였습니다. '책을 쓸 정도로 확고하고 열정적이며 정리된 신앙이란 어떤 것일까?' 생각했습니다. 책을 펴낸다는 것 자체보다 책을 쓸 만큼의 믿음과 스토리가 있는 삶을 살고 싶다는 마음이 들었습니다.

그 후로도 그 마음을 잊지 않았지만 아직은 아니라고, 여전히 부족하다고 생각하며 지내온 시간이 어느덧 20년 가까이 흘렀습니다. 그런 제가 지금 이 책을 쓰는 것은 이제 준비가 되었다고 생각했기 때문이 결코 아닙니다. 그럼에도 불구하고 그 시간 동안 받아온 주님의 은혜와 감사가 넘치기에, 비록 특별할 것 없는 작은 믿음의 사람이지만 그분을 증거하고 찬양하기를 더 이상 지체하지 않기로 다짐했기 때문입니다.

저는 인생의 드라마틱한 성취나 지혜를 다룬 위대한 스토리를 가지고 있지 않습니다. 일찍 부모를 여의고 피나는 노력으로 자수성가했다든지, 희귀한 불치의 병을 믿음으로 이겨낸 극적인 이야기 역시 없습니다. 믿는 가정에서 자라난 모태 신앙인도 아니고, 한국의 전체 기독교인의 5퍼센트가 여기에 해당한다고 하는, 성인이 되어서 믿음을 갖게 된 성도입니다.

제가 살아온 과정에 굳이 특기할 만한 부분이 있다면, 성인이 되고 20대 후반에 예수님을 영접했기 때문에 하나님을 믿기 전의 마음을 알고, 하나님과 더 가까워지는 데 장애물이 되었던 신앙에 대한 여러 의문과 의심들에 대해 잘 기억하고 있다는 정도일 것입니다. 믿지 않던 시기를 지내왔기에 제가 변화되기 이전과 이후를 대조할 수 있고, 주위에 믿지 않는 분들의 마음을 조금 더 이해하고 도움을 드릴 수 있는 부분이 있을 것으로 생각했습니다. 하나님을 믿고 난 다음 그 질문들에 대한 해답을 나름대로 정리하는 과정이 저에게 많은 은혜가 되었습니다. 그런 면에서 신앙을 갖기 이전의 시간도 지금 저의 믿음을 견고하게 하는 데 의미가 있었다고 생각합니다.

저는 한국에서 대학교육을 받고 미국 유학생활을 거쳐 세 개 주(州)에서 직업생활과 가정생활 그리고 수년간의 한국 사회생활 이후, 지금은 다시 미국으로 돌아와 아내와 두 아이와 함께 한 가정의 가장으로 지내고 있습니다. 이곳 오리건주 포틀랜드에 위치한 아름다운 벧엘장로교회에 출석하며 사랑하는 이웃들과 교회 소모임인 사랑방을 인도하고 있는 평신도입니다.

직업으로는 피닉스 소재 인텔, 시애틀 소재 아마존, 서울에 있는 삼성전자에 몸담았고, 지금은 메트로 포틀랜드에 본사를 둔 나이키(社)에서 글로벌 경영지원 및 계획을 위한 인공지능 및 데이터 사이언스

부서의 전문위원직을 맡고 있습니다.

크리스천으로서 교회 성경 학습 과정 이외에 신학이나 목회 과정을 수료해본 적도 없고 특별할 것도 없는 제가 이런 글을 쓰는 이유는, 믿지 않는 분들이나 믿음에 대한 확신을 갖고자 하는 분들이 어려운 신학적 관점의 설명보다는, 한 이웃이 믿음과 변화에 이르게 된 하나의 예시를 통해 하나님과 조금 더 가까워지기를 소망해서입니다.

따라서 성경적 관점에 비추어 제 삶의 경험과 고백과 같이 실생활과 관련 있는 내용으로 풀어가고자 했고, 특히 믿음의 세계와 거리가 있어 보이는 기술 경영, 데이터 과학, 인공지능 등의 관련 교육 및 전문성을 배경으로 일하는 사람으로서, 그간 믿음을 갖게 되는 과정에서의 질문들과 대답들, 그리고 그를 통한 변화들을 제가 만난 예수님의 증인 된 입장에서 담담히 기록해보고자 했습니다.

제가 처음 하나님을 믿고 회심하여 영접한 것은 제가 미국으로 유학을 떠나온 2000년입니다. 여러모로 힘들었던 시기였고 그 이후 결혼, 육아, 직업생활에 이르는 십수 년의 제 얘기를 다루고 있으므로 특별히 젊은 시기를 보내고 계신 분들에게도 참고가 될 만한 믿음의 질문들이 되지 않을까 생각합니다.

무엇보다 제 어린 두 자녀, 서연과 서준이가 성장하여 성인이 되었을 때 부모의 믿음에 대한 묵상과 삶에 적용한 글로 전해져 이해할 수 있기를, 그들이 앞으로 살아나가면서 하나님과 동행하는 데 도움이 되기를 소망합니다. 비록 이 책이 많은 분에게 읽히지 않더라도 아버지의 삶과 믿음을 이 두 자녀가 읽고 간직할 수 있다면 그것만으로도 이 책의 보람은 충분히 있으리라 생각합니다.

이제 저를 변화시킨 일곱 가지의 질문에 대해 이야기를 나눠보려고 합니다. 제가 일곱 챕터 타이틀로 쓴 키워드들은 제가 가졌던 수많은 질문들을 분류한 유형 정도로 보시면 좋을 것 같습니다. 더 구체적인 질문의 예들을 각각의 유형 안에서 풀어나갈 것입니다.

혹시 더 깊고 전문적인 신앙 내용이 필요하신 분들은 부족한 이 고백서의 내용을 넘어 훌륭한 영적 지도자들의 책을 참조하시기 바랍니다.[1] 더 좋은 생각들, 심화된 질문들, 도움이 필요한 부분들이 있다면 주위에 좋은 교회의 예배, 프로그램 및 하나님을 믿는 이웃과의 귀한

---

[1] 제가 추천해드리고 싶은 책은 팀 켈러(Timothy Keller) 목사님의 《팀 켈러, 하나님을 말하다 – 하나님에 대한 오해와 진실》(두란노, 2017)입니다. 깊은 영성과 신학 및 철학적 통찰에 기초한 변증적 복음과 폭넓은 믿음의 케이스들을 다루고 있습니다.

만남을 통해 영적으로 유익한 기회를 가지시기 바랍니다.

그리고 한 영혼의 소중함을 위해 저와 믿음의 동역자들이 함께하는 니고데모 미니스트리(www. nicodemusministry.org)에 질문과 기도의 제목을 보내주시면 개인적인 답장을 받으실 수 있습니다. 이 책을 통해 어느 누구가 아닌 바로 당신을 위한 하나님의 예정된 사랑이 조금이나마 더 가깝게 증거되기를 간절히 또 간절히 소망합니다.

마지막으로 부족한 글이 세상에 나올 수 있도록 권면해주시고 많은 도움을 주신 오레곤 벧엘장로교회 이돈하 담임목사님, 귀한 시간을 내서 마음을 담아 추천의 글을 써주신 김상복 목사님, 유기성 목사님, 권준 목사님, 계은덕 교수님, 출판의 과정에서 이 책을 두고 주님께 중보하며 준비해주신 규장 출판사의 여진구 대표님과 편집 디자인팀 직원 여러분께도 특별한 감사를 드립니다.

손석제

프롤로그

PART 1

변화를 위한 출발

1장 믿음의 필요

2장 과학적 의심

PART 2

생활 속의 변화

7장 믿음의 시작

—

변화를
위한
출발

ARTIFICIAL INTELLIGENCE 사랑권 영원한 진리 GOSPEL QUESTION
Almighty is it possible How Can I Be
Life PRISM 성경 하나님이쓰실건가보다
polymorphism KEY PERFORMANCE 사랑방 믿음
Prayer DATA RELIGION 칭의 protocol
LOVE STORY 창선순위 FAITH
Love and do what you will
Positive and Encouraging
source code
creation
homodeus BTS
national geographic AMAZON
CHATBOT
선행 독수리날개
righteousness 싸움닭
Almighty
아편 LGBT 두려워말라
언니믿어져
구원 meningitis
무균실 relationship
EPICUREANISM 천국
seraphim KOREAN AMERICAN
정체성 가지 CHURCH
meningitis honduras LIFE STYLE 이민교회
가이사의것 가지 개체화
DATA SCIENCE
열쇠 윤리 Psalms 128
부부싸움 Immanuel 묘지터 직장생활
이웃사랑 성령의 열매 GRACE
Wow, that makes sense

1장

믿음의 필요

하나님에게 의지할 특별한 동기가 없다고 하더라도, 글을 읽으시는 모든 분들에게 일상의 어려움과 고뇌는 있다고 생각합니다. 저도 그렇습니다. 설령 이루고자 한 목표를 나름 이루었거나 이루어가고 있는 평탄하고 성취하는 삶에서조차 이 같은 질문이 언제나 따라옵니다.

"나는 왜 살고 있으며, 어떻게 살아야 하는가?"

이 질문에 대한 대답을 가지고 삶을 시작하는 사람은 없을 것입니다. 내 뜻이 아닌 때와 장소와 환경 가운데 태어나서 지금까지 살아왔고, 이성(理性)을 갖출 정도로 성장한 이후에 비로소 이 생각을 하고 있는 것이지요. 이미 시작된 삶이니 지금 내가 처한 환경하에서 사랑하는 가족, 좀 더 확장한다면 내가 소속된 단체나 국가에 이르기까지 그 관계 안에서 이른바 '모나지 않게', 그리고 할 수만 있다면 좋은 역할을 담당하고 좋은 평판을 얻고 경제적으로도 남에게 아쉬운 소리 하지 않을 수 있는 것. 그것이 많은 분들이 가진 평범한 삶의 목표일 수 있겠다고 생각합니다. 학생이라면 지금 주어진 학업에 최선을 다하는 것, 회사원이라면 회사 일에, 주부라면 가정의 화목과 안정을 위해 노력하는 것이 그 덕목이 될 것입니다.

그러나 그것이 내 삶의 궁극의 목표이자 의미인지는 좀 더 생각해 보기 원합니다. 예컨대 어느 회사원이 생각하길 '내가 이 회사에 심히 헌신하고 승진하기 위해 처세술이나 전문지식에 대한 공부 외에 더 이상 구하고자 하는 것이 없다'고 한다면 그는 이 책을 덮고 서점에 놓여 있는 수많은 관련 서적들을 훑어보는 것이 더 나을 수도 있습니다. 그러나 이 책에서는 궁극적인 삶의 의미를 찾기 위해 나 자신을 현실의 기준 안에서 완성시켜 나가는 것과는 다른, 어쩌면 근본적으로 다른 관점, 즉 당신이 살면서 가끔은 생각해보았을지 모르는 영적인 것, 특히 믿음, 그것도 하나님과 당신의 관계에 대한 스토리를 함께 나누고 생각해보고자 합니다.

그러니 "나약하게 하나님께 왜 의지하려 하는가?"라는 물음보다는, 그 의지함이 무엇이기에 이토록 중요한지, 그리고 왜 내게 그것이 필요한지에 대한 이유를 함께 보기 원하는 것입니다. 자신의 약함을 인정하는 사람은 자신이 대단하다고 여기는 사람보다 더 성취한 사람이 될 가능성이 많습니다. 왜냐하면 자신이 성숙하고 성장할 수 있는 여지가 더 많기 때문입니다. 당신이 당신의 삶을 통해서, 그것이 남이 보기에 대단하든 그렇지 않든 간에 만족스러운 의미를 찾지 못했다면 이 책을 통해서 함께 고민해보았으면 합니다.

글을 쓰고 있는 저에게 누군가 "당신은 의미를 찾았습니까?"라고 묻는다면 저는 감히 "그렇습니다"라고 말할 수 있고, "그렇다면 그 의미가 완성되었습니까?"라고 묻는다면 "그 완성의 모습은 알고 있으나 그 완성에 이르는 과정은 계속 겪어 나가야 하는 여정입니다"라고 말씀드리고 싶습니다.

믿음을 갖는다는 것, 그것은 사전적으로 어떤 대상을 사실이라고 인정하는 것 이상의 의미가 있습니다. 그것은 믿음을 통해 인간 자신에게 부족한 무엇인가를, 나 아닌 다른 대상으로부터 찾아 알고, 결국 변화하는 것이라고 할 수 있습니다. 하나님을 믿음은 내가 바라는 세상의 어떤 것을 얻고자 하는 기복적인 바람이 아니라 나와 믿음의 궁극적 대상이 되는 하나님과의 '관계'를 만들어 나가기 위한 것으로 보아야 합니다.

제가 경험한 믿음을 갖기 위한 과정은, 세상의 논리로 하나님의 말씀이 합당하다는 것을 알고 나서 믿음이 생기는 것이 아니었습니다. 그보다는 먼저 하나님과의 관계를 통해 그의 성품을 이해하니 그가 말하고 있는 것이 무엇인지가 분명해졌습니다. 이것이 믿음의 세계로 들어가는 첫걸음입니다. 우리가 가진 기존의 생각으로는 믿음에 접근하는 것이 어렵습니다. 이와 같이 새로운 관점에 이르기까지 제 경우에도 너무나 오랜 시간이 걸렸습니다.

제가 대학에 갓 입학한 1학년 봄이었습니다. 새로 입학한 대학의 교정에는 새로운 세계에 대한 기대와 흥분만큼이나 화려한 꽃들이 색채를 뽐내고 있었습니다. 그때만 해도 한두 살 더 많은 선배들이 부족한 형편인데도 후배들을 많이 챙기던 시절이었는데, 캠퍼스 내에 있던 학생 식당에서 천 원도 하지 않는 간단한 식사를 사주고 저녁에는 짬뽕 국물을 안주 삼아 소주를 마시는 소박한 90년대 풍경이 있었습니다.

그중 어느 선배가 있었습니다. 키가 작고 왜소한 체격에 검은 뿔테 안경, 아버지 시절 대학생들이나 들고 다녔을 법한 가죽 서류 가방을 항상 들고 다니던 사람이었습니다. 몇 번 만나 얘기를 나누던 중 그 선배가 네비게이토(Navigators)라는 동아리에 있다는 것을 알았습니다. 또 나중에 안 것이지만 그 단체는 여느 다른 기독교 동아리보다 더 전도에 적극적이어서 믿지 않는 친구들은 '앨리게이터'라고도 불렀습니다. 한 번 문 먹이를 절대로 놓지 않는 악어처럼 네비게이토 사람들이 끈질기게 복음을 전한다는 뜻이었습니다.

그러던 어느 날 학생 식당에서 그 선배가 저만 불러 밥을 사주고는 저에게 물었습니다.

"동아리나 학회나 이런 거 나가는 데 있니?"

"요즘 '글발'이라는 과(科) 신문 편집하는 데 나가고 있어요. 같이 사상 철학, 뭐 이런 것도 읽고 얘기하고 술도 마시러 나가고 그렇죠."

잠시 후 그 선배가 다시 물었습니다.

"거기서 특별히 알게 된 거나 고민하게 됐다거나 하는 거 있어?"

"그런 게 무슨 정답이 있겠어요! 철학이나 사상이나 다들 그들이 고민하는 것들을 적어놓은 책들이고 인생에 대한 나름의 주장에 대해 읽고 우리가 판단하는 거지요."

빙긋 웃으며 선배가 말했습니다.

"그럼 내가 한 가지 말해줄 게 있다."

그 선배는 식사를 멈추고 옆에 둔 자신의 가방에서 무엇인가를 뒤지기 시작했습니다. 그러고는 갈색의 가죽으로 싸인 두툼한 책 한 권을 제 앞에 놓고는 말했습니다.

"인생의 모든 진리가 여기에 있다."

그것은 성경이었습니다.

저는 사실 그 말을 듣고 이렇게 생각했습니다.

'이 세상에 얼마나 많은 현자(賢者)가 있어 왔고 지금도 훌륭한 사상가, 철학자, 미래학자, 선구자적 기술인들이 있으며 개개인 인간의 한정된 지식과 지혜 안에서 겸손히 배워야 할 것들이 많은데, 어떻게 이렇게 단정적이고 독선적으로 생각할 수 있을까?'

그 뒤에도 저는 이런 생각을 가지고 그 선배와 기독교를 안줏거리 삼아 믿지 않는 친구들과 조롱하듯 얘기했던 것 같습니다. 최근 기독교의 병폐적인 부분을 부각시켜 이야기하고 인터넷에 댓글을 다는 많은 사람들처럼 그때의 저 역시 믿는 자들을 멸시하고 비웃던 사람이었습니다. 제가 만일 기독교를 탄압하고 스데반의 순교 현장에 있던 청년 사울과 같은 위치와 권력이 있었다면, 저 역시 그런 엄청난 죄를 짓지 않았을까요. 바울이 자신을 "죄인 중에 괴수"(딤전 1:15)라고 고백하였듯이 믿음은 그 회심의 과정을 거쳐 믿는 자를 회개하게 합니다. 하나님은 인간의 죄 된 본성의 모습과 은혜로 구원받은 모습을 대비시켜 보여줌으로써 그가 사랑하시는 사람을 뉘우치게 하고 바뀌게 해주시는 것입니다.

적어도 그 선배는 사망에 있던 저에게 생명의 손을 뻗어준 사람이었습니다. 그리고 그는 제가 결국 변화되어 나아가야 할 길을 알게 해준 은인이었습니다. 혹시 지금 당신 자신에게, 아니면 주위 사람에게 복음을 갖게 하고자 할 때 느끼는 저항이나 비난이 있다면 조급해하지 마세요. 하나님께서는 결국 그 하나하나의 벽돌이 쌓여 당신과 그 사람의 영혼 위에 아름다운 주님의 성전을 이루실 것입니다. '내 생각에는 도저히 받아들일 수 없는 것들을 어떻게 믿으라고 하는가?'라고 말하기 전에 하나님이 어떤 존재인지 먼저 알아 나가기 원합니다. 이 같은 순서의 전환을 통해 새로운 시각이 열리며 내 논리로는 이전에 불가능했던 이해가 가능해짐을 느끼게 됩니다. 이 책에서는 이 부분을 계속 나눌 것입니다.

그 뒤 20년이 지난 2012년, 같은 학번 친구를 통해 그 선배의 연락처를 받을 수 있었습니다. 미국 보스턴의 MIT에서 근무하고 계시고 젊은 나이에 어느 교회의 장로가 되어 계신다는 얘기였습니다. 너무나 반갑고 고맙고 부끄러운 마음이 들어 이메일을 보냈습니다.

Sent Saturday, November 23, 2013 11:12 PM
Subject 백 선배님 안녕하십니까

안녕하세요. 반갑습니다. 백 선배님, 저는 서울대 92학번 손석제입니다. 벌써 20년이 흘렀네요. 어렴풋이 기억하실지도 모르겠습니다.

이병삼 동기에게서 선배님 연락처를 받았습니다. 작년 병삼이와 서울에서 만났을 때 선배님 얘기를 하기도 했습니다. 보스턴에 계신다구요, 저는 약 8년간 피닉스 인텔에서 일하며 지내다가 올해 시애틀로 이주해서 거주하고 있습니다. 아마존 본사에서 근무하며 시애틀 형제교회에 출석 중이구요.

선배님을 항상 기억하면서도 연락은 하지 못했네요. 2000년도에 조지아공대로 유학을 오고 영접을 할 때 1992년에 처음으로 복음을 들려주셨던 선배님 생각이 많이 났습니다. 그때 선배님이 복음을 전해주고 나서 8년 만에 열매가 있었네요. 네비게이토에 계셨었죠? 선배님한테서 학생회관 밥도 얻어먹고 얘기 나누었던 기억이 납니다. 사울이던 시절의 바울과 같이 교회를 마음으로 핍박하고 죄를 짓던 시절이었죠. 그때 선배님뿐 아니라 저를 위해 기도해주던 몇몇 친구들을 무시하고 지냈던 것을, 영접 후에 비로소 회개하며 기도했습니다. 지금은 저도 누구에겐가 무시당할지 모르지만 복음을 전하는 삶을 살기 위해 노력하고 있지요.

제 연락처는 (***) ***-**** 입니다. 시간 되실 때 전화 한 번 주세요. 연락처 주시면 제가 전화 한 번 해도 좋구요.

주님 안에서 평안하시구요, 손석제 드림

그 선배와 오랜만에 전화 통화를 하며 그때의 일을 회고하고 사과 드렸습니다. 그리고 서로의 환경에서 열심히 주의 말씀을 전하기로 다짐도 하였습니다. 하나님을 아버지로 부르는 믿는 이들 사이에 20년의 시간은 아무 문제가 되지 않았습니다.

하나님께서는 우리가 그의 복음을 믿을 때 우리가 평생토록 이루고자 하는 자기 성취와 성장보다 더 크고 완전한 모습을 한 번에 이루어주실 수 있습니다. 하나님은 당신이 그 은혜를 받아들이길 너무나 바라고 계십니다. 잃어버린 한 마리의 양을 애타게 찾던(눅 15:1-10) 주님은 오래전 저와 그 선배가 대화할 때 마음 아파하며 학생 식당의 제 옆자리에 앉아 계셨을지도 모르겠습니다.

1

당신이 혹은 당신이 기도하는 그 분이 믿음을 갖기에, 믿음이 깊어지기에 가장 방해가 되는 것이 무엇인지 그 리스트를 적어보시기 바랍니다. 앞으로 그것을 중점적으로 기도하며 나누십시오.

2

당신을 위해 기도하고 당신을 교회로 인도하려 했던 사람이 있습니까? 그와 같은 분들이 있었다면 그들은 무엇 때문에 당신에게 그렇게 하였을까요?

자연의 질서에 순응하며 순리에 맞는 모습으로 사는 것은 많은 분들이 생각하는 인생의 목표일 거라고 생각합니다. 바람처럼 왔다가 빈손으로 가는 모습입니다. 한평생 주어진 시간과 환경 안에서 바르게, 특별히 그릇된 일을 하지 않고 선하게 살았다는 얘기를 듣는 평온한 삶이지요. 산과 물을 있는 그대로 보고 순수하게 사는 것일 수 있습니다.

성경에도 전도서를 통해 인생이 얼마나 허무하고 빨리 지나가는지를 저자인 솔로몬 왕은 얘기하고 있습니다(전 1:1-11). 당대 최고의 권력과 부를 거머쥐었던 그가 왜 이런 허무에 대한 시를 지었고, 그것이 왜 성경의 한 장을 차지하고 있는 것일까요? 그것은 당연히 그 허무함이 진실이기 때문일 것입니다. 그러나 허무에서 의미를 찾는다는 것은 쉽지 않아 보입니다. 설령 당신이 대단한 학계의 논문을 쓴 대학자이든지, 대단한 산업계의 족적을 남긴 대기업 사장이든지, 역사책에 새겨진 위인이든지, 그 성취가 지금의 나와 내 주위에 내가 사랑하는 사람들의 행복과 궁극적인 삶의 의미와는 다른 이야기가 될 수 있습니다. 누구나 잘 살아보려고 하지만 인생은 요동과 풍파가 있고 유혹이 끊이지 않습니다. 내가 좋은 사람 같기도 하고 나쁜 사람 같기도 합니다. 나는 착하게 살려고 하는데 주위 환경이 나를 가만두지 않습니다. 이 모든 혼란이 일어나고 있다면 그것은 인생을 가로지르는 절대적인 진리가 자리잡고 있지 않기 때문일 것입니다. 아무리 거센 폭풍이 부는 밤에도 뿌리가 깊은 나무는 바람에 흔들릴지언정 다시 그 중심을 잡습니다.

　믿음의 세계는 이 세상과 내 인생의 허무함을 이대로 받아들이고 그 안에서 중심 없이 의미를 찾느라 발버둥치는 것이 아닌, 객관적인 삶의 푯대와 절대적인 진리가 반드시 있을 것이라는 갈망으로부터 시작하는 것이 아닐까 합니다. 만일 우리 나름대로 정의한 '순리대로의 삶'이라는 것이 불변하고 객관적인 진실이라면 우리의 삶은 그를 통해 무결점의 행복과 안식이 있어야 할 것입니다. 그렇지 못하고 다만 "아마도 그럴 거야"라는 가설에 의한 자기 위안이라면 이제는 좀 더 솔직하게 삶의 진실이 무엇일지를 숙고해보아야 한다고 생각합니다.

　저는 크리스천적 믿음(Christian Faith)에서 그 의미를 찾았습니다. 그러나 기독교 신앙에서 빼놓을 수 없는 복음, 구원, 천국과 같은 것들이 매우 추상적이고 관념적이어서 저 역시 이전에는 그와 같은 부분을 믿기가 힘들었습니다. 특별히 그것이 아니라고 증명할 수 없더라도 그것이 맞는다는 증명 또한 들어본 적이 없었기 때문입니다. 하나님을 믿지 않는, 무관심한, 거북해하는, 반감을 가진 분들에게, 믿음에 바탕하지 않는 논리적 근거로서의 성경은 받아들여지기 어렵습니다. 성경이 논리적이지 않다는 것이 아니라 믿음을 향한 열린 마음이 없이 논리의 관점에서 성경을 보여준다면, 그들의 입장에서 성경은 그다지 설득력 있는 책이 되지 못한다는 것입니다.

저 역시 창세기 1장 1절의 "태초에 하나님이 천지를 창조하시니라"라는 말씀 자체가 믿어지지 않아 그 뒤에 나오는 어떤 말씀도 받아들이기 힘들었습니다. 그렇다면 과거의 저처럼 믿음이 없거나 부족한 분들은, 성경을 통해서 또 그 말씀을 통해 의미를 이해하고 삶의 변화를 받을 수 없는 것일까요? 저의 경우 비록 성경을 통한 사색은 아니더라도 대학 시절 일반 철학이나 사상적 문헌 등을 통해 삶의 의미가 무엇인지 그 궁금증에 대해 생각해보곤 했습니다. 물론 그것을 통해 제가 인생의 지표와 진리로 삼을 만한 결론을 얻을 수는 없었습니다. 하지만 그를 통해 적어도 이후에 성경과 복음에 대해 비교하고 숙고해볼 수 있는 하나의 배경을 갖게 되었던 것 같습니다.

복음을 믿는 데 이런 것들이 반드시 필요한 것은 아니지만 어떤 경로로든지 이 물음에 대한 끈을 놓지 않는 것이 중요하다고 생각합니다. 즉, 해답을 찾기 어려운 삶의 의미에 대해 '이것은 답이 없는 질문이야'라고 포기한 채 다만 오늘에 함몰되어 사는 모습이 아니라 그 부분에 대해 부단히 고민하는 것이 진리에 한 걸음 더 다가가는 데 도움이 됩니다.

그리고 제게 중요했던 다른 한 가지는, 그 질문과 고민에 대해 하나님께서 내게 보이시고 던지시는 작은 음성에 귀기울이는 것이었습니다. 그것이 하나님께서 예정한 나에 대한 계획일 수도 있기 때문입니다. 우리가 크리스천적 믿음에 대한 질문들을 궁금해하고 갈급하게 느낀다면 그것은 아마 하나님께서 그 영혼을 부르고 계시는 것일지도 모릅니다. 이 책을 읽고 있는 이유가 강제에 의한 것이 아니라 스스로 페이지를 넘기는 것이라면 하나님께서 이것도 예정하셨고, 그분의 메시지를 접할 계기를 주신 것이라고 생각합니다.

하나님께서 어려운 길을 만들어 놓으신 것이 아닙니다. 하나님은 구하는 자, 찾는 자, 두드리는 자에게 언제나 문을 열어주십니다. 믿음의 세계에서는 '예정론'이라는 말도 씁니다. 하나님께서 하나님의 사람을 태초부터 믿는 자가 되도록 미리 정하셨다는 것입니다. 저는 신학자도 아니고 깊은 신학적 이론을 말하기에 부족한 사람이지만 제 삶과 말씀을 통해 그 부분을 믿게 되었습니다. "어떤 원리로 믿는 자와 믿지 않는 자가 구분되는가?", "왜 저 사람은 아니고 이 사람은 부르시는가?", "하나님께서는 어떤 자격과 근거로 판단하시는가?" 이런 수많은 의심의 질문들은 결국 믿음과 소망과 구원을 주신 하나님에 대한 감사로, 그리고 조금씩 성장해가는 믿음을 통해서 눈 녹듯이 풀려 갔고 이 책을 통해 그 내용을 좀 더 나누어볼 것입니다.

만일 그와 같은 메시지가 느껴진다면, 그것을 나의 믿음으로 변화시키기 위해서 우리는 하나님의 사랑을 단지 선물로 받을 준비를 하면 됩니다. 즉, 열린 마음을 갖게 해달라고 진심으로 기도할 때 하나님은 우리 안에 적극적으로 믿음을 부어주십니다. 그러므로 우리는 우리가 알지 못하는 믿음을 깨우치고 만들어 채우려고 애쓰지 않아도 됩니다. 오히려 기도할 것은 우리 마음을 비우는 것입니다. 그때 하나님께서 우리를 위해 준비하신 아름다운 믿음을 우리의 가난한 마음에 채워 나가실 것입니다.

삶의 허무를 이야기한 전도서에서 솔로몬이 하나님을 경외하는 것이 모든 사람의 본분(전 12:13)이라고 했듯, 하나님을 믿음으로써 행복하고, 평안하고, 충만하고, 사랑하면 됩니다. 제가 이와 같은 계기로 하나님의 존재를 느꼈던 경험을 다음 장에서 나누고자 합니다.

1

솔로몬 왕의 말처럼 당신의 삶이 의미 없고 허무하게 느껴지십니까? 어떻게 하면, 그리고 무엇으로 그 마음을 채울 수 있을까요?

2

철학서나 사상서를 읽어본 적이 있으십니까? 지적 만족 이외에 그것이 당신의 평생의 삶에 대한 의미와 지표가 되었습니까?

3

정답은 없다고 생각되었던 '삶의 의미'라는 근본적인 질문에 대해 아직 해답을 찾지 못하셨다면, 그것을 찾기 위한 노력의 끈을 놓지 마시기 바랍니다. 없을 것 같던 진정한 진리가 결국 당신에게 나타날 수도 있기 때문입니다.

3절 결국 하나님이 존재하는가, 그 근본적인 질문에 누가 답할 수 있는가

흙이 되어 사라지는 삶을 위해 달려가기보다는 궁극적이고 영원한 진리를 알고 싶고, 그 안에 거하고 싶고, 그를 통해 목적이 분명한 삶을 살기 원하는 마음이 우리 안에 있다면, 좀 더 직접적인 하나님에 대한 논의가 필요할 것입니다. 제가 다른 종교의 믿음에 대해 말씀 드릴 것은 없습니다. 종교 및 사상의 비교 고찰과 같은 학문적 시도에도 한계가 있을 것입니다. 지식과 경험과 영감을 통해 세상의 모든 종교들을 분석하여 증명할 수 있는 사람은 없을 것 같습니다. 따라서 저 역시 제가 알고 살아왔으며 경험했던 하나의 믿음의 예를 보여드릴 뿐입니다. 그것이 하나님의 작은 메시지가 되어 우리와 하나님 사이에서 아름다운 모습으로 피어나기 원합니다.

하나님의 존재를 우리가 알고 있는 논리학의 관점에서 거증하려 하는 것은 바른 이해의 방향이 아닙니다. 앞서 말씀드렸듯이 믿음은 분석을 통해 생기는 것이 아니라 '관계'에서 생기기 때문입니다. 다만 믿음의 눈이 생긴 이후의 더 깊은 지식은 영적인 성장에 보탬이 될 것입니다.

이것은 제가 처음 만난 하나님에 대한 얘기입니다. 제가 유학을 위해 미국행 비행기에 오른 것은 2000년 8월 21일이었습니다. 그 전부터 약 2년간 여러 유학 준비를 하였지만 그 흔한 배낭여행 한번 못해본 저는 한국이 아닌 외국이라는 땅에 발을 디딘 것이 그때가 처음이었습니다.

미국 조지아주 애틀랜타는 미국의 여러 도시들이 그렇듯 공공 교통이 활성화되어 있지 않았습니다. 차도 없던 저는 학교 근처 기혼자 기숙사에서 살던 선배들의 도움으로 기본적인 생활을 시작했고, 한 아파트에 네 명이 사는 기숙사에서 첫 학기를 맞이했습니다. 그러다 보니 활동에 제약이 따랐습니다. 하지만 그나마 7년 된 수동 변속기 중고차를 마련할 때까지는 그 분들과 엮여 지낼 수밖에 없었습니다. 그중 유난히 말수가 적었고 친절하게 도움을 주던 분이 계셨는데 그 선배가 애틀랜타 북부 알파레타라는 곳의 어느 교회에 다닌다는 것을 알았고, 일요일에 차편을 얻기 위해 두어 번 그 교회를 방문했는데 그때마다 찬양단이 단상에서 20분 정도 예배를 인도하고 있었습니다. 두 번째 방문했을 때 찬양단을 인도하시던 분이 선배와 함께 제게 오셨습니다.

"안녕하세요, 환영합니다."

환하게 웃으시는 분은 함 집사님이라는 분이었는데, 어색한 인사 후 갑자기 제게 이런 질문을 던지셨습니다.

"혹시 교회에서 찬양해보신 적 있으신가요?"

"저는 교회에 몇 번 들어와본 적은 있지만 교회에서 노래해본 적은 없습니다. 그리고 저는 전공까지 바꿔서 유학을 왔기 때문에 아무래도 그럴 시간도 없어요."

그는 믿음도 없는, 오히려 상당한 반감마저 가진 저에게 마치 특별한 이유라도 있는 것처럼 찬양단에 들어오기를 권유하기 시작했습니다. 선배를 통해 연락처를 알아내서 저를 몇 차례나 초대하셨습니다. 저는 그때마다 사양했습니다. 하지만 대학 합창단에서 동아리 활동을 하기도 했고 고등학교 때부터 노래 부르기를 좋아했기 때문에 내심 '일주일에 한 번 나가서 노래하며 기분 전환도 하고, 청년부도 있다고 하니 사람들도 만날 겸 몇 번 나가볼까?' 하는 생각이 들었습니다.

"그러면 일단은 나가볼게요. 그런데 죄송하지만 제가 몇 번 나가본 다음 이건 아니겠다 싶으면 다시 말씀드릴 테니 그때는 잡지 말아주세요."

나중에 생각해보니 상당히 교만하고 예의 없는 대답이었습니다. 그러나 그때는 그다지 생각이 없다는 사람에게 반복해서 권하는 분에게 이 정도는 명확히 얘기해두어야겠다고 생각했습니다.

그런데 처음 접해보는 교회에서의 찬송, 찬양이라는 것이 제게는 너무 낯설고 불편했습니다. 대학 합창단에서도 중세나 서양문화 배경의 기독교 성가나 미사곡들을 예술적으로 합창하기는 했지만, 찬양단에서 부르는 교회 내 전통적인 찬송가나 복음 성가곡들은 부르는 내내 너무 와 닿지 않는 내용들이었습니다.

이 벌레 같은 날 위해 그 보혈 흘렸네

십자가 십자가 내가 처음 볼 때에…

나름 겸손하게 살아왔다고 생각하는 저로서는 굳이 벌레 같다는 표현으로 자학하는 이 찬송가 가사가 도무지 이해되지 않았습니다.

보혈을 지나 하나님 품으로
보혈을 지나 아버지 품으로…

보혈은 피고 하나님 품으로 간다면 죽어서 저 세상으로 간다는 뜻이니, 이 곡은 비장하다 못해 무섭고 으스스한 내용 같기도 했습니다. 게다가 모여서 노래 연습만 하는 것이 아니었습니다. 큐티(QT)라고 하는 매일 성경 읽기와 그와 연관된 개인적인 얘기를 하는 모임을 항상 한 시간씩이나 하는데, 그렇게 매주 평일 저녁 서너 시간씩 그리 편하지도 않은 교회에서 보내는 시간이 너무 아깝고 부담스럽게 느껴지기 시작한 어느 날이었습니다.

연습 시간이 늦어져 저녁 10시경이었던 것으로 생각됩니다. 찬양단 멤버 10명 남짓이 아무도 없는 교회당 안에서 단상의 핀(pin) 조명에만 의지한 채 반대편 어두운 벽에 슬라이드로 비추는 찬양 가사와 반주에 맞추어 찬양을 시작했습니다.

"주께 가오니 날 새롭게 하시고 주의 은혜를 부어주소서…"

조용한 예배당이어서 그런지 가사의 단어들이 좀 더 눈에 들어오는 것 같았습니다.

"주 사랑 나를 붙드시고 주 곁에 날 이끄소서 독수리 날개쳐 올라가듯…"

잔잔하고 느린 곡이었는데 '주 사랑', '주 곁에' 그리고 마침내 '독수리 날개'라는 부분에서 갑자기 시간이 아주 느려지는 느낌을 받았습니다. 그 찰나에 제 안에 수많은 생각이 떠오르기 시작했습니다.

'독수리 날개!'

어느 청명한 날에 높은 바위 산 위에서 사람의 키보다도 훨씬 큰 길이의 독수리의 두 날개가 하늘로 뛰어오르는 형상이 느껴졌습니다. '단지 느낌인가' 하는 생각이 드는 순간, 그동안 제 안에 제가 가지고 있었던 많은 논리와 합리 그리고 학문이라고 알고 있었던 것들이 주마등처럼 지나가는 것을 보았습니다. 내가 알고 있으며 내가 가지고 있다고 하는, 또는 배워야 한다고 생각했던 이른바 바르다는 것, 고상하다는 것, 다양하다는 것, 그리고 그것들을 더 탐구하고 밝혀내고 깨우치고자 하는 과학, 철학, 도덕, 사상, 감성, 문화, 미학, 종교 그 모든 것이 거미줄과 같은 형상으로 복잡하게 나를 휘감아 움직이지 못하게 하고 있었습니다.

그 가운데를 거침없이 뚫고 지나가는 한 마리의 거대한 독수리, 그 날개의 힘이 느껴졌습니다. '합리적 지성을 가진 인간이라면 추구해야 할 것 같은, 덕목과도 같은 그 모든 세상의 것들이 오히려 나를 얽매고 있는 올무와 같은 것이 아닐까, 이 세상의 학문과 논리를 통한 진리의 추구라는 것이 어쩌면 만약에 있을지도 모르는 '진정한 진리'

에 바로 다다르기를 가로막고 있는 역설이 아닐까, 이 자유함의 느낌이 도대체 무엇일까?' 이런 낯선 생각이 들 무렵 제가 바라보던 가사의 낱말 하나하나가 밝은 금색의 여러 개의 날카로운 창이 되어 날아와 제 몸에 꽂히는 느낌을 받았습니다. 실제로 가슴에 통증이 강하게 느껴졌습니다. 너무 놀라 정신을 차리고 다시 맞은편 벽을 보니 그다음 구절의 가사가 그제야 떠올랐습니다.

"나 주님과 함께 일어나 걸으리 주의 사랑 안에"

내 안에 스스로 떠오른 상념 정도로 생각하기에는 너무나 또렷하고 제 의식의 흐름과 상관없이 예상할 수 없었던 단 몇 초간의, 그러나 몇 분 이상으로 느껴졌던 이 체험을 통해 내가 주님과 일어나 함께 걷는다는 것이 어떤 것일까 너무나 궁금해졌습니다. 그의 사랑 안에 거한다는 것이 무엇인지 알고 싶어졌습니다. 그날 기숙사로 돌아오는 늦은 밤, 이 믿음에 대해 더 알아봐야겠다는 마음이 들었고 그 주에 부목사님이 진행하시는 성경 양육반에 스스로 등록하여 참여하게 되었습니다.

성경 말씀을 접하게 되었던 이 기회를 통해 제가 얻고자 했던 것은 다름 아닌 그동안 제가 가지고 있었던 여러 가지 종교적인 물음들에 대한 대답이었습니다. 여전히 논리적 접근으로 시작된 것이었으나 오래지 않아 이 복음의 믿음이라는 것은 그런 방법으로서가 아니라 '함께 걷는 것', 바로 영적인 교제에 의한 것임을 알게 되었습니다. '그가 누구인가' 혹은 '그가 존재하는가'와 같은 질문은 그분을 알아가는

데 필요하고 자연스러운 것일 것입니다. 성경과 교회가 주는 정보를 통해 이성적으로 검증하고자 하는 마음이 든다면 진실로 이것은 귀하고 소중합니다.

이 생각이 들 때 그 질문과 대답보다 더 중요하고 절대 놓치지 말아야 할 것은 이와 같은 생각과 의지를 주시는 하나님의 '나에게로의 부르심'입니다. 단순한 지적 호기심이 아닌, 하나님의 말씀을 중심으로, 지극히 개인적이고 인격적이고 체험적인, 가장 순수한 마음으로 하는 대화로의 대전환이 반드시 필요한 것입니다. '그'라고 하는 3인칭적 시점에서만 하나님을 바라보겠다고 한다면, 즉 종교학적인 학문으로, 그리고 이성적으로 접근한다면 그 결론은 나의 근본적인 영적 물음과는 거리가 있을 수밖에 없습니다.

사실 우리가 얻고자 하는 종국적인 대답은 "그러므로 당신은 나와 무슨 관계가 있습니까?"입니다. 설령 그의 존재가 확정된다고 해도 나와 관계가 없다면 단지 아는 것에 불과할 것이고, 나의 삶과 구원과 행복과 의미와는 아무런 상관이 없을 것이기 때문입니다. 따라서 우리가 물어야 할 진정한 물음은 그가 누구이고 실제로 있는 분인가라기보다는 내 앞에 있는 어느 한 분 즉, 2인칭적인 관점에서 "당신은 누구십니까?"로 옮겨가야 할 것입니다.

믿음을 갖는 데 있어서 제가 찬양 중에 경험했던 것과 같은 일이 있을 수도 있지만 반드시 필요한 것은 아니라고 생각합니다. 어려서부터 부모의 믿음의 유산을 받으신 분들도 많이 계시고, 신학대학 교육과 함께 정규 코스를 밟으신 훌륭한 성직자들도 계실 것입니다. 하나님은 부르심의 계기를 정말 다양하게 만들어주십니다. 제 처남의 경우와 같이 그 부름이 급하면 캐나다 토론토 시내 어느 길거리에서 노방 전도용 일회용 화장지 포장에 붙어 있던 교회 집회 광고를 통해서도 큰 전도의 역사를 이루십니다. 계기는 얼마든지 있고 문을 두드리시는 주님의 부름에 마음을 여시면 됩니다.

하나님의 존재를 느끼는 데 필요한 것은 믿음입니다. 예컨대 사랑하는 부모님 혹은 남편이나 아내가 나와 어떤 관계인지 확인하기 위해 유전자 친자 검사나 감정 호르몬 혹은 뇌파 검사를 해본 적이 있는 사람이 얼마나 있을까요. 아마 대다수의 분들은 그런 생각조차 하지 않았을 것이고 저 또한 그렇습니다. 그들이 나의 부모님이고 나의 사랑하는 사람인 것은 의학적인 검사 결과를 통해 아는 것이 아니라 그와 나의 개인적인 깊은 교제와 오랜 시간에 걸친 사랑을 통해 확실히 알고 있는 것입니다.

자신이 태어날 때 그 태중에서 세상으로 나오는 것을 기억하는 사람은 없겠지만 무엇보다도 부모님이 자신의 친부모인지는 대부분 확실히 알고 있습니다. 설령 당신이 전혀 몰랐던 사람이 만일 당신의 부모라는 의학적 검증서를 들고 나타난다 해도 그것을 믿고 지금의 부모님과의 관계를 끊고 다시 생각하실 수 있을까요? 만일 최근에 눈부신 발전을 하고 있는 인공지능 분석을 통해 전 세계에서 당신과 배우자로 가장 어울리는 사람을 추천해준다면 당신은 그것을 믿고 혼인신고서에 도장을 찍을 수 있겠습니까? 대부분의 사람들은 그렇게 하지 않으려 할 것입니다. 마찬가지로 관계적이고 인격적인 믿음을 가질 때 우리는 하나님이 실존하는 분임을 알게 됩니다.

그러므로 제가 이 책에서 나눌 수 있는 것은 우리가 기대하고 있었을지 모르는 반박할 수 없는 증명서나 진단서가 아니라 제가 알고 경험한 하나의 케이스 스터디(Case Study)일 수 있겠고 아니면 러브스토리(Love Story)일 수도 있습니다. 사랑을 고백하는 사람에게 '당신이 나를 사랑하는 사람인지 문서상으로 증명해볼 수 있습니까'라고 묻는 것보다는 상대방과 함께한 교감과 소통을 통해 그것을 느끼는 것이 더 맞는 것처럼, 그 어떤 증명서와 비교할 수 없이 강력한 당신만의 스토리를, 그분을 알아 나가시면서 차근히 써 나가십시오. 하나님은 이미 당신에게 성경이라는 러브레터를 보내셨고, 기도라는 대화할 수 있는 통로를 주셨으며, 예수님이라는 그분의 모습도 보여주셨습니다. 과학적인 증명보다 더 필요하고 당신의 삶에 훨씬 더 깊은 관련성을 가진 의미를 지금 이 순간에도 살아 있는 생명력으로, 다른 누구도 아닌 바로 우리에게 말씀하고 있습니다.

묵상을
위한
질문

1

당신은 눈으로 보고 손으로 느낄 수 있는 것만 진실이라고 생각하는 사람
입니까? 그렇다면 당신이 사실이라고 생각하는 것들을 떠올려보십시오. 그
중에 실제로 오감을 통해 느끼지 않았지만 믿고 있는 것이 있습니까? 어떻
게 그것을 믿게 되었습니까?

2

하나님이라는 대상이 당신의 학문적 논리적 탐구 대상의 '그'가 아니라 당
신에게 인격적인 의미가 되기 위해서는 개인적으로 대화하고 소통하는 대
상으로서의 '당신'이 되어야 합니다. 그러기 위해서 어떤 마음으로 바뀌어
야 할까요?

3

하나님은 당신과 함께하고 싶어 하십니다. 그에게 마음을 열고 그가 당신에
게 말씀하시는 것에 귀를 기울여보기를 원합니다. 믿음이 없으나 믿음을 원
하시는 분들에게 소개하기 원하는 예화가 있으니 읽어보시기를 권합니다.

2장

과학적 의심

애틀랜타의 첫 교회에서 접했던 성경 말씀을 통해 제가 부단히 찾으
려 했던 것은 먼저 과학적인 시각에서의 대답이었습니다. 제가 느꼈
던 영혼의 자유에 대한 심상을 정확히 이해하기 위해서는 저를 가로
막고 있던 의심과 의문들, 특히 물리, 화학, 의학적으로 이해되지 않
는 부분에 대한 정리가 반드시 필요하겠다고 생각했습니다.

그즈음에 우연히 TV에서 흥미로운 다큐멘터리 프로그램을 시청하
게 되었습니다. 정확한 프로그램 타이틀은 생각나지 않지만 내셔널
지오그래픽 채널에서 과학과 종교에 대해 다룬 다큐멘터리 컨텐츠였
습니다. 역사의 시작으로부터 중세와 현대에 이르기까지 과학과 신
앙은 인류에게 지대한 영향을 미쳐왔고 시대에 따라 헬레니즘이나 신
정주의와 같이 한쪽이 세어지기도 하고 약해지기도 하는 통사적 관
점의 스토리였습니다. 끊이지 않는 진리에 대한 다른 두 시각에 대해
그 프로그램의 마지막 결론은 사자와 상어의 비유로 끝이 나고 있었
습니다. 즉, 두 동물이 자연의 질서 가운데 가장 강한 위치를 갖는 것
이 확실하지만, 사자는 지상에서 상어는 바다에서 그 영역이 구분되
는 것과 같이 과학은 신앙으로 설명될 수 없으며 신앙은 과학으로
논증될 수 없다는 것이었습니다.

과학으로 신앙을 다루려 할 때 흔히 나타나는 것은 과학적 시각과 방법론을 거치더라도 마지막 결론은 극적으로 다르다는 것입니다. 즉, 하나님의 존재를 지지하는 여러 문헌에서는 과학적 논증을 통해서 하나님을 증명하고 있지만, 불신앙에 바탕을 둔 시각으로는 같은 과학이라는 이름으로 고찰된 결론의 방향이 완전히 다른 것을 봅니다. 이미 교과서에도 실려 교육되고 있는 진화론이 그렇고 생명 발생에 대한 이론들이 그렇습니다. 이것이 의미하는 것은 과학이라는 렌즈로 신앙의 세계를 살펴보려 하는 것이 적절하지 않거나 충분하지 않다는 것입니다. 아인슈타인이 하나님에 대해서 다음과 같이 말했다고 합니다.

"인간이 도저히 이해가 되지 않는 우주에 나타나 있는 초월적 존재에 대한 감성적인 확신이 내가 이해하는 하나님이다."

이 견해에서도 '과학적 증명'이 아닌 '감성적인 확신'이라는 말로 대신하고 있습니다. 정작 그 주위 사람들의 증언에 따르면 그가 신적 존재를 믿는 태도를 보였다고도 합니다. 그러나 제가 말씀드리고 싶은 것은 그가 말한 '감성적인' 것이 아닙니다. 왜냐하면 하나님의 존재는 '미루어 짐작컨대' 혹은 '느낌으로 알 것 같은' 그런 대상이 아니기 때문입니다.

저와 가장 가까운 사람인 제 아내는 한국에서 생명공학을 전공하고 미국에서 치의학을 공부하여 현재 치과의사로 근무하고 있습니다. 아내가 최근에도 종종 하는 얘기가 있습니다. 인간의 몸을 알면 알수록 창조주가 계획하고 설계한 대로 지어지지 않았다고 말하기에는 그 매커니즘이 너무나 신비하고 완전하다는 것입니다. 저 역시 여러 대기업에서 데이터 사이언스를 업(業)으로 하고 있는 사람으로서 한 치의 오차가 없이 증명되지 않는 결과물을 용납할 수 없는 과제들을 수행하고 있지만, 믿음의 문제는 그와 같은 관점으로 바라볼 것이 아닌 것 같다는 의견을 가지고 있습니다. 과학으로 믿음을 논쟁하려는 것은 마치 "사자와 상어가 싸우면 누가 이기느냐"라는 다소 유치하고 답이 나오지 않는 질문입니다. 흐르는 물의 부피를 줄자로 재려고 하는 것과도 같습니다.

제가 박사 과정 3년 차 정도였던 것 같습니다. 그날도 시험을 마치고 나와 도서관 앞에서 답안에 대한 토의를 마쳤는데, 문득 교회에 대한 얘기가 잠시 나오게 되었습니다. 그때 어느 선배님이 물었습니다.

"근데 말이야, 나는 하나님 이런 거는 잘 모르겠고, 어떻게 오병이어의 기적이라는 게 가능한지, 혹시 성경의 그 장면에 그 광주리 안에서 무슨 원리로 그렇게 많은 물고기나 빵이 나왔는지 화학식 같은 게 나오나?"

빙긋이 웃고 있는 저에게 경상도 억양의 무뚝뚝한 말이 다시 이어졌습니다.

"그 화학식 한 줄이라도 보여주면 내가 교회 나갈게."

"제가 한번 찾아볼게요. 그런데 그런 생각은 계속해주세요. 하하하."

제 마음에는 교수님이 출제해서 방금 마친 전공 시험도 답을 잘 달

았는지 전전긍긍하는 우리가, 하나님이 설계한 그 기적의 화학식이 설령 주어진들 잘 이해할 수 있을 것이며, 이해한들 그 선배가 정말 영적인 감동을 받아 다음날부터 교회에 나올까 하는 의구심이 들어 마음이 무거웠습니다.

만일 믿음에 대해 과학적 설명으로 접근하는 것이 본질적으로 부적당하고 불충분하다면, 하나님의 창조 사역과 성경을 통한 말씀은 결국 비과학적이고 논리가 없는 것일까요? 제 관점에서는 과학으로 하나님을 증명하는 것에는 한계가 있지만 믿음으로 바라보는 과학은 충분히 설득력이 있어 보입니다. 즉, 하나님에 대한 인격적인 믿음을 가졌을 때 성경을 읽어 내려가면 그 말씀이 얼마나 정교하고 계획적인지를 알게 됩니다. 나의 삶에 깊이 관여하시고 내 삶에 실제적으로 활동하시는 하나님과 성령님을 통해 하나님의 창조하심을 알고 믿을 수가 있습니다. 창조자인 하나님을 믿고 나면, 즉 창세기 1장 1절이 믿어지기 시작하면 그 이후의 과학적 논쟁은 의심과 불신앙의 주제를 떠나 놀라움과 경이로움, 은혜와 감사로 변화하게 됩니다. "이게 정말 가능한 일이야?"라는 질문에서 "정말 놀랍고 감사한 일을 이루셨구나!"라는 묵상으로 옮겨지는 것입니다.

그렇다면 우리가 어떻게 창세 사역을 믿을 수 있을까요? 당신이 태어난 20세기 중후반 혹은 21세기 초반으로부터 태초의 창조 시간까지 타임머신을 타고 돌아가 눈으로 확인하기 전에 그것을 정말 믿을 수 있을까요? 눈으로 보고도 믿을 수 없는 광경이었겠지만 말입니다. 그것은 앞서 말씀드린 바와 같이 그분의 능력과 성품을 알고 느끼며 배우게 될 때 생기는 믿음으로 증명되는 것이라고 생각합니다. 그것은 마치 포탄이 쏘아 올려져서 지면에 탄착한 지점까지의 궤적을 분석하면 최초의 발사 지점이 예상되는 것과 비슷하다고 할까요.

그리고 한 가지 더 말씀드리면, 이 믿음에 의한 증명은 다른 사람으로부터 배워서 이루어지는 것이 아닙니다. 믿음은 하나님과의 개인적인 관계이기에 아직 믿음이 없는 사람이 단지 다른 사람의 믿음을 들음으로 증명을 수긍하기는 매우 어렵습니다. 즉, 당신의 믿음으로 당신의 증명을 이루어야 한다는 면에서, 다른 과학자의 증명을 습득해서 그 증명을 받아들이게 되는 과학과는 차이가 있습니다. 따라서 하나님과 그의 창세 사역을 믿기까지는 바른 하나님의 말씀을 들음으로(롬 10:17) 나 스스로 그 믿음의 주인이 되어야 합니다.

제가 유학생활을 끝내고 회사를 옮기며 애리조나 피닉스로 이주한 뒤 출석하게 된 교회에, 지금도 유명한 박종호 찬양 사역자께서 방문했습니다. 찬양 예배를 잠시 인도하시고 자신의 어려웠던 얘기를 이어 가시며 많은 분들에게 하나님의 성품과 능력 그리고 우리를 향한 계획에 대해 말하고 있을 때였습니다. 몸이 아프고 생활이 어렵고 환난 가운데 있는 성도님께 하신 말씀 중에 아주 짧지만 강렬했던 말이 있었습니다.

"힘드신가요, 고민되시나요, 기도가 잘되지 않으시나요? 그 분들에게 제가 묻고 싶습니다. 하나님이 어떤 분인지 모르십니까? 아직도 모르시나요?"

제 경우에도 하나님의 성품을 알게 된 계기는 셀 수 없이 많습니다. 하나님과의 기도로 용서할 수 없는 사람을 이해하고 바뀔 수 있었고, 절대로 넘지 못할 것 같은 힘든 학업과 회사 업무를 이겨낼 수 있었고, 미움 가운데 있을 때 내 안에서 나오는 말이 아닌 새로운 메시지를 가슴에 담아주셔서 타인을 사랑할 수 있었으며, 나와 주위에 계시는 많은 분들의 기도로 절망에서 희망으로 일어서는 엄청난 경험들을 하였으며, 말씀으로 나의 말과 생각이 사랑의 그것으로 변화되는 것을 목격할 때 그 성품이 무엇인지 점차적으로 알게 되었습니다. 박 성가사님의 그 외침에는 많은 것이 내포되어 있습니다. 다 형언할 수 없는 하나님의 '광대하심'을 아는 사람이 할 수 있는 말일 것입니다.

내 옆에 말씀으로 계시고 매 순간 기적을 행하시는 그분이 세상을 창조하신 분이라고 한다면, 우리가 학습으로 알게 된 '과학'이라는 잣대로 볼 때 불편해지는 성경의 초자연적인 현상들은 오히려 하나님의 관점에서는 매우 자연스러운 내용일 것입니다. 제가 대학에서 배웠던 해양 공학 및 유체 역학적 관점에서도 홍해가 갈라지는 것을 설명하기 곤란하고, 생명 과학적 관점에서 동정녀의 임신을 설명하는 것이 불가능하고, 오병이어의 기적도 질량 보존의 물리 법칙상으로 설명이 가능하지 않다고 생각합니다. 그러나 그것은 그 과학적 프로토콜(Protocol)까지 창조해놓으신 하나님의 일반 법칙하에서의 어려움일 뿐입니다. 믿는 사람은 하나님께서 자신이 창조하신 피조물과 자연법칙에 스스로 얽매여 있는 존재가 아니라는 것을 믿음으로 압니다. 그렇기 때문에 믿는 자에게는 능치 못할 일이 없다고도 말씀합니다(막 9:23).

마치 교통법규상 시속 60마일을 넘을 수 없는 도로에서도 응급환자 수송 차량은 그 규칙을 무시하고 지나갈 수 있는 것과도 같다고 할까요. 그래도 구급차가 속도위반을 한 것이 맞으니 구급차의 정당성을 인정할 수 없다고 말하는 분은 아마 없을 것입니다. 하나님의 전능하심과 광대하심과 선한 목적을 이해하는 자에게는 이 과학적 역설들이 믿음에 큰 장애가 되지 않습니다. 그들은 마음으로 믿어 의에 이르는 것과(With the heart one believes and is justified, 롬 10:10), 그 믿음은 우리가 보지 못하는 것의 증거(Faith is assurance of what we do not see, 히 11:1)라는 것을 압니다.

제가 박 성가사님을 만난 지 몇 년 후 저는 그 분이 간암으로 투병하셨다는 것을 알게 되었습니다. 하나님을 높이는 찬양을 30년이나 하신 분이 왜 그런 고통을 당하게 되었을까요? 그는 몇 년 후 의학적 확률을 넘어서는 기적과 같은 회복을 받으셨고, 그 후에 이렇게 고백합니다. "하나님이 안 보여서 울고 있는 분이 있습니까? 하나님이 그 한 사람을 만지시고 있음을 믿기 바랍니다." 그는 하나님에 대한 진정한 신뢰를 말했고, 그 믿음으로 환난을 감당하여 초과학적 기적의 소재가 되었으며, 그 모든 것이 지나가 이제 더 깊은 곳에서 내어놓는 그의 이 고백이 저에게는 그 어느 과학적 이론보다 힘있게 느껴집니다.

1

과학이 하나님을 부정하고 반박한다고 보십니까? 그렇다면 과학적 관점에서 당신의 존재는 무엇입니까? 아니면 창조 안에 과학이 포함된다고 보십니까? 그렇다면 하나님의 관점에서 당신은 어떻게 정의되겠습니까?

2

물질적인 존재로서의 인간이 세상을 살아가는 방법과 하나님의 계획과 사랑으로 창조된 사람의 인생의 차이점이 무엇일까요?

3

과학을 통해 자연법칙을 찾고 이전에 없었던 발견과 발명을 할 수 있습니다. 그 지적 희열과 활용 이외에 당신이 궁극적인 삶의 의미를 찾는 데 있어서 과학이 당신을 얼마나 도와주고 있습니까?

많은 성경의 기적들도 사실 기적이 아님이 과학으로 설명되는 시대이다

믿는 자들이 과학적인 의심과 질문들을 어떻게 바라보고 이해할 수 있는지에 대한 하나의 예시를 앞서 나누었습니다. 그러나 여전히 마음으로 받아들여지지 않는 분들이 있으리라 생각합니다. 하나님이 창조한 세계와 자연법칙이라는 것은 인정한다 치더라도 과학적으로 이미 설명된 내용에 대해서는 어떻게 바라볼 것인가가 그 예일 것입니다. 한가지 예로, 출애굽기에서 모세가 애굽의 바로에게 이스라엘 민족을 놓아줄 것을 말하였으나 바로가 거부하였을 때 하나님이 내리신 몇 가지 경고성 초자연적 현상들에 대한 것입니다.

그중 하나인 메뚜기떼에 의한 습격은 사실 지금도 아프리카 지역에서 크고 작게 종종 일어나고 있는 현상이고, 기후 및 동물학자에 의해 일시적인 메뚜기 개체 증가 또한 이미 연구된 사실입니다. 출애굽 당시에만 있었고 지금은 없는 일이 아닐뿐더러 과학적으로 증명된 현상이므로 하나님이 그 기적을 일으키셨다고 하기에는 억지가 있는 것이 아니냐는 것입니다. 이런 내용은 이것 말고도 성경 안에 많습니다. 하나님께서 다시는 모든 생물을 홍수로 심판하지 않겠다고 하신 하나님의 예표가 무지개라고는 하나 그것이 가시광선의 프리즘 효과라는 것은 다 알고 있는 사실이고, 성경에도 많이 나타난 기적적인 지진도 그 원인이 판 이동론에 의해 연구되고 제시되었습니다.

그러나 여기서 우리가 믿음의 눈으로 볼 때 붙잡아야 할 것은, 이 일들이 과학으로 이미 설명되었든 아니든, 왜 일어나게 되었느냐 하는 것입니다. 온도와 먹이 상황의 변화가 그 이유라는 설명은 메뚜기 떼의 발생이라는 결과가 있기 전까지의 배경 혹은 과정일 뿐 그와 같은 온도와 먹이 상황의 변화가 왜 그 시간과 그 장소에서 일어났어야 했는지 설명하는 것은 아닙니다. 결국 '왜'라는 질문을 몇 차례 계속하면 그 대답은 보통 "그것까지는 모른다" 혹은 "확률상 있을 수 있는 일" 정도로 끝나게 됩니다. 지진은 많은 부분 과학적으로 밝혀진 것이지만 왜 바울과 실라가 감옥에 있던 밤에 그 지진이 일어날 수밖에 없었던 것일까요(행 16:26).

어떤 아이가 어머니에게 꾸중을 듣고 스마트폰을 빼앗겼다고 합시다. 아이가 스마트폰을 못하게 된 이유가 단지 그 아이의 손에 스마트폰이 없기 때문입니까, 아니면 스마트폰을 빼앗을 수밖에 없었던 어머니의 자녀 교육 방침 때문일까요? 과학으로 설명된다는 것이 그 의미가 모두 설명되었다는 것을 뜻하지는 않습니다. 믿는 사람들은 과학이 믿음을 가리는 것이 아니라 믿음의 원리를 강하게 하는 데 쓰여지기 원합니다. 피조물의 목적이 그러하기 때문입니다.

최근 기술 발달에 이 믿음의 시각을 대입할 수는 없을까요. 저는 이른바 데이터 사이언스라고 하는 최근 상당히 각광받는 분야에서 일하고 있습니다. 그중에서도 주로 예측 모델(Predictive Analytics)

과 최적화 모델(Prescriptive Modeling)이라고 하는 미래 예측 및 최적 계획이라는 부분을 맡고 있습니다. 소비재 대기업 중심으로 판매자는 물론 최종 소비자의 행동을 미리 감지하고 예지하여 원자재의 주문, 제품 생산, 유통 및 판매 전략에 이르는 전사적이고 글로벌한 운영 결정을 과학화하는 작업입니다. 이 기술적인 작업에서는 최근의 인공지능적이고 수학 및 통계적인 기법들을 활용합니다. 기존 전문가가 만들어낸 전략적인 제품 선택(Assortment)보다 인공지능의 추론을 통해 자동 제시된 제품 추천이 최소 수배의 판매 신장을 가져오게 합니다. 아기를 키우는 부모의 구매 행동을 분석하여 추가 구매에 의한 기대 판매 효과를 기반으로 기저귓값을 유통 원가 이하로 판매하게 하기도 합니다. 특정 지역의 공급 차질이나 수요 폭증을 사전에 예측하여 선제적으로 생산 능력과 지역별 재고를 최적으로 제어할 수 있습니다. 안면 인식 기술, 사진 유사 검색, 자율 주행 등의 기계학습을 위한 인공지능 플랫폼을 함께 활용합니다. 잘 적용된 데이터 과학의 효과로 한 분기 판매에 대해 수백억에서 수천억의 수익 증가를 가져올 수 있습니다.

이런 것들은 보통 분들이 보시기에 신기하게 느껴질 수 있고 가끔은 기적처럼 보이기도 합니다. 인간이 특정한 결정 로직을 만들어 놓는 것이 아니라 이 체계가 스스로 학습하는 메커니즘을 활용하기에 그 결정 내용은 간혹 그 시스템을 설계하고 창조한 사람조차 예상치 못했던 것을 보여주기도 합니다. 기계학습이나 인공지능이 다소 두렵게 느껴지는 것도 이와 같은 성질 때문일 것입니다. 인공지능이 사람의 감정을 가질 수는 없다고 말하는 전문가도 있지만 어떤 부분에서 이 견해가 틀릴 수도 있습니다. 왜냐하면 예컨대 인간이 슬픈 음악이나 소식을 들으면 눈물을 흘리는 행동 패턴을 인공지능이 학습을 통해 행동 강화한다면 인공지능도 그 상황이 되었을 때 슬픈 감정을 표현할 수도 있을 것이기 때문입니다. 이런 기술에 기반한 회사들의 엄청난 기업 가치와 주가 상승의 이유는 아마 시장의 눈으로 볼 때 가장 미래적이고 가치 있다고 느끼기 때문일 것입니다.

그런데 여기서 한 가지 매우 중요한 것이 있습니다. 모든 기술, 특히 현재로서 가장 진보된 것이라고 하는 인공적 지능도 그 핵심이 '학습'에 있다는 것입니다. 인공지능의 모든 결정은 이미 일어난 일 혹은 축적된 과거의 행동 정보에 의한 학습에 종속됩니다. 자신이 스스로 시뮬레이션하여 자가 학습 하는 경우도 있습니다만 이 역시 그 반복되는 경우의 수와 성공 확률로 지능이 연습됩니다. 한마디로, 학습되지 않은 것은 인공지능이 알 수 없습니다. 재미있는 예를 들자면, 몇 년 전 전 세계 사회관계망(Social Media) 컨텐츠로 학습된 일류 소프트웨어 회사의 인공지능(챗봇) 시스템이 론칭되었습니다. 대상이 된 국가는 정보 검열이 강한 사회주의 국가였는데 그 챗봇이 론칭 첫날부터 반체제적인 대답을 많이 늘어놓아서 마침내 단기간에 문을 닫을 수밖에 없었습니다. 기계 입장에서는 대다수의 학습 내용이 그러했기 때문에 배운 대로 고지식하게 말했을 뿐입니다.

사실 인간의 인생이 그렇습니다. 인간도 어려서부터 학습합니다.

부모에게 배우고 친구와 소통하며 학교에서 학습합니다. 사회관계와 문화, 가치관, 시각과 인생 철학까지도 자신이 처한 시간과 장소에서 통상적으로 통용되는 그것으로 굳어지는 것이 보통입니다. 기성세대가 종종 따분하다는 말을 듣는 이유도 그들이 인생을 거쳐 학습한 내용에서 벗어나기 힘들기 때문일 것입니다. 그러므로 한 번도 보지 못한 완전히 새로운 작품을 만들어내고 연주하는 예술가들은 절대로 인공지능이 만들어낼 수 있는 영역이 아닙니다. 최근 고갱과 고흐의 화풍을 흉내내어 스스로 그림을 그리는 인공지능이 소개된 적도 있는데, 그것 역시 그 예술가들의 기존 작품을 학습한 것일 뿐이기 때문에 모작(模作)이라고 할 수 있습니다.

신앙의 세계에서는 더욱 그렇습니다. 믿는 분들의 삶은 하나님과의 인격적 관계를 통해 내가 지금껏 경험하여 알았고 배워서 지켜왔던 생각과 행동의 패턴에서 완전히 다른 방향으로 바뀝니다. 그것은 하나님을 만나 그분의 은혜로 회심하는 것으로서, 내 안에서 생겨난 수양과 지혜도 아니요 죄성이 있는 이 세상을 통해서 그 공의와 사랑을 배울 수 있는 것도 아닙니다. 하나님의 불변한 말씀의 진리로 인간은 자신의 학습의 연속선에서 벗어나 완전히 새롭게 변화될 수 있습니다. 인공지능이 크리스천의 행동을 학습하여 일요일 아침에 교회에 가야 한다고 말할 수는 있습니다. 그러나 그 지능이 하나님과의 인격적인 대화와 관계를 근본적으로 갈망할 수는 없습니다. 그런 면에서 우리가 눈부시다고 말하는 지능적 기술은 하나님은 물론 인간에게도 비교될 수 없는, 단지 흉내내는 데 능하고 논리정연한 인간의 피조물일 뿐입니다. 저는 개인적으로 인공지능이 그 자체로 위험하다고 생각하지는 않습니다. 다만 그것을 만드는 인간의 탐욕과 폭력성이 그 기술에 녹아들 때 그렇습니다.

기술의 발전으로 믿음과 말씀이 오래된 것이라고 무시하는 것은, 하나님의 사랑으로 창조하신 인간의 자유 의지라는 축복을 무시하는 것입니다. 마치 내가 기르는 강아지가 너무 좋아서 그의 목걸이를 내가 하고 그 목줄 손잡이를 강아지에게 내어주는 것과 같습니다. 인간이 만들어낸 피조물의 명철이 하나님이나 인간을 대신할 수 있다고 믿는 것은 미래적인 것이 아니라, 오히려 하늘보다 높아지고자 바벨탑을 쌓던 그 옛날 어리석었던 인간적인 불신앙이자 죄의 모습입니다.

1

하나님의 창조를 우리가 눈으로 보고 알 수 없습니다. 그러나 오늘도 하나
님이 내게 보이시고 행하시는 내 삶에서의 크고 작은 일들을 통해서 그분
이 세상을 창조했음을 믿을 수 있을까요?

2

성경의 사건들과 기적들이 '어떻게 가능한가'에서 '나에게 무슨 의미인가'라
는 질문으로 바뀌기 원합니다. 그것들이 하나의 역사적인 현상이 아니라 동
일한 하나님의 원리와 의도로 나의 삶에서도 일어났고 앞으로도 있을 일이
라는 것을 믿을 수 있습니까?

3

최근 인공지능이 출현하고 지능화되며 신에게 도전하는 생명과학 및 로봇
기술이 나타나고 있습니다. 이 세상의 변화들이 하나님의 계획과 능력 밖의
사건들일까요?

교회에서 쓰는 이와 같은 단어와 언어들이 처음 복음을 접하고 교회에 출석하는 분들에게 부담이 될 수 있다고 생각합니다. "예수 천당불신 지옥"과 같은 원색적인 표어를 지하철에서 접할 때 당황스럽고 불쾌한 경험마저 있을 것입니다. 그러나 그 표어가 사실은 일제하에서 신사 참배 거부와 한민족의 영적 각성을 위해 인생을 바치신 최권능 목사님이 일본 경찰의 잔혹한 고문 중에 외친 숭고한 절규였음을 아는 분은 많지 않은 것 같습니다. 그러면 그가 외쳤던 천국과 같은 이해하기 힘든 이미지가 어떻게 믿는 사람들에게는 받아들여질 수 있을까요?

예컨대 하나님이나 천사의 모습이 어떠한지(사 6:2), 천국은 어디에 위치한 공간일지(막 6:41 ; 눅 9:51), 성부 성자 성령 삼위의 개념(마 28:19)이 어떻게 과학적으로 실현 가능한지에 대해 성경은 언급은 하고 있으나 정확한 형상을 잡아내기가 쉽지 않습니다. 천사의 예를 들어보겠습니다. 구약에서는 범죄한 아담과 하와가 생명나무 열매를 먹는 것을 막기 위해 그룹(Cherubim) 천사들을 두셨고(창 3:24), 이사야는 주님을 모시고 섰는 날개를 가진 스랍(Seraphim) 천사들을 보았으며(사 6:2), 예수 초림 때에는 예루살렘의 베데스다 못에 천사가 가끔 내려와 못의 물을 요동케 하였고(요 5:4), 신약의 계시록에는 네 생물(Living Creatures)이 보좌에서 하나님을 찬양하며 영광 돌리는 천사로 나타납니다(계 4:8,9). 과연 천사의 모습이 정말 날개가 여섯 개가 달린 모습이 맞을지 궁금할 수도 있습니다. 그런데 그것의 진위를 떠나서 먼저 생각해보아야 할 것이 있는 것 같습니다. 그들의 이미지의 디테일이 중요한 것이 아니라 그것이 존재하는가 아닌가에 대한 질문, 즉 그들의 존재를 믿느냐가 중요한 것임을 공감한다면 표현의 다양성이나 모호성은 두 번째 얘기가 될지도 모르겠습니다.

따라서 여기에서는 일단 그 형상을 생각하기 이전에 어떤 믿음의 시각을 가지고 접근해야 하는지 얘기하고자 합니다. 일단 이 질문들이 그 존재나 개념에 대한 단순한 궁금증인지, 아니면 나의 믿음을 이루는 데 가장 처음 필요한 내용들인지에 대해 자문해보기 원합니다. 하나님의 얼굴이 어떻게 생겼는지 알기 전에는 교회를 갈 수가 없다든지, 천국이 하늘인지 우주인지 바닷속인지 보기 전까지는 믿지 못하겠다든지, 아무튼 이런 황당한 이미지를 강요하는 성경을 인정할 수 없는 상황입니까?

앞서 말씀드린 것과 같이 성경은 우리에게 친절하게 그 디테일을 알려주고도 있습니다만 그 '정보'는 믿음이 있기 전에는 단지 상상도와 같은 개념 스케치에 불과하고, 당신의 신앙에 직접적 도움이 되는 것이 아닙니다. 성경의 이미지들은 텔레비전에 나오는 멋진 제품의 이미지로 소비자들을 매혹시켜 구매를 유도하는 광고와 같은 의도로 기록되지 않았습니다. 따라서 이 질문을 가진 분들에게는 이렇게 반문하고 싶습니다. "정말 지금 그 형상이 그 의미보다 더 중요하신지요?" 어느 장군이 군대에게 우리가 갈 곳은 저 산이라고 말할 때 그 손끝만 바라보는 병사와 같은 상황은 아닌지요. 이 질문을 하기 전에 반드시 필요한 것은 그 형상 뒤에 숨어 있는, 하나님이 보여주기 원하시는 궁극의 것이 무엇인지를 아는 것입니다. 그 이해가 선행되지 않고는 신화적인 느낌 이상의 어떤 것도 얻어내기 힘듭니다.

즉, 삼위일체가 도대체 어떻게 가능한지 묻기 전에 왜 하나님은 삼위일체를 통해 하늘에 계신 하나님과 나를 위해 죽으신 예수님, 그리고 내 안에 계시는 성령님을 말할 수밖에 없었는가 하는 것을 생각해야 하는 것입니다. 절대적이고 불변하는 공의와 사랑, 죄의 문제를 해결하고 인간의 살아야 할 바의 본을 보이시고 죽으시고 다시 부활하심으로 죽음을 이겨내는 첫 열매, 나와 인격적으로 대화하시고 변호하시고 지혜를 주시며 '나'라는 성전(聖殿) 안에 거하시는 성령님이 왜 나에게 필요한가를 먼저 깊이 알기 원합니다. 그러고 나서 그 사랑에 감사하고 난 후에 그 형상에 대한 성경의 말씀을 읽기를 권해드립니다.

믿음의 눈을 떠서 볼 준비가 되었다면, 예로써 제가 그중 한 가지 주제인 삼위일체를 이해하게 된 계기를 나누어볼까 합니다. 관련 참고문헌을 보면 삼위일체를 각각 구성하는 존재로 하나님을 그 중심에 둡니다. 즉, 아버지는 하나님이십니다(요 6:27 ; 롬 1:7 ; 벧전 1:2).

아들은 하나님이십니다(요 1:1,14 ; 골 2:9 ; 히 1:8 ; 요일 5:20). 그리고 성령은 하나님이십니다(행 5:3-4 ; 고전 3:16). 진실로 좋은 성경 말씀이라 생각합니다만 그러나 이것이 여전히 와닿지 않으신다면 저와 관련된 기술 분야를 통해 좀 특색 있는 예를 들어볼까요.

이것은 소프트웨어 공학과 관련된 이야기입니다. 우리가 쓰는 스마트 디바이스와 같은 물리적인 개체가 특정한 행동 양식으로 동작하는 체계를 갖추기 위해서는 동일한 소프트웨어가 필요합니다. 하나의 소프트웨어(Source Code)가 다른 기기에 독립적 개체로서 설치되고(Instantiation) 다른 다양한 데이터 환경에 놓여질 때 각각 다르게 작동하는 것을 객체 지향적(Object Orientation) 시스템 관점에서 다형성(Polymorphism)이라고 합니다. 이 글을 읽으시는 분의 스마트폰과 제 스마트폰이 같은 기종과 소프트웨어가 있을지라도 다른 상황(입력 데이터)에서 다른 행동을 할 수 있는 원리입니다. 하나의 코드는 실질적으로 무한히 복제 및 개체화될 수 있고 원 코드와 복제된 코드는 사실상 구분이 불가능합니다. 또한 원 코드의 속성을 물려받아 복제된 코드는 새로운 환경에서 원 기능을 활용하여 새로운 기능을 더할 수도 있는데 이것을 유전성(Inheritance)이라고 합니다. 쉽게 말하면, 예를 들어 '도형'이라는 개체가 있고 그 개체가 하는 일은 '넓이'를 재는 기능이 있다고 합시다. 그 '도형'이 '원'이라는 속성에 연결될 수도 있고 '삼각형'과 연결될 수도 있습니다(개체화). 원을 가진 도형에 '넓이'를 작동시키면 원의 넓이 공식을 쓰겠지만, 삼각형에 들어간 도형은 넓이를 물을 때 삼각형의 넓이를 말해줍니다(다형성). '넓이'

를 알면 '부피'라는 기능도 그 높이를 곱하기만 하면 알아낼 수 있겠지요(유전성).

스마트폰의 예를 다시 들자면, 스마트폰이 출시되면 그 내부의 소프트웨어는 하나의 설계도 혹은 개념 코드(Source Code)를 갖습니다. 그것은 복사되고 컴파일(Compile)되어 각각의 기기에 개체화하여 입력되고 물리적 기기에 일련번호가 주어집니다. 같은 모델의 스마트폰이라면 내가 찍는 야경 사진과 친구가 찍는 해변 사진에 반응하는 작동 결과는 다르지만 동일한 하나의 소스 코드이므로 동작에서의 일관성이 있습니다. 나와 친구는 각자 폰을 들고 있지만 다형성을 활용한 같은 폰이라고 할 수 있는 것입니다. 안드로이드 운영 체계와 같은 시스템은 그것이 스마트폰이나 태블릿이나 크롬북과 같은 다른 환경에서도 개체를 생성하여 일관성 있게 작용합니다. 당신의 폰에 다른 언어가 필요하면 새로운 언어를 다운로드하여 기존의 기능에 덧입히는 것으로 유전성을 활용할 수도 있습니다. 같은 'A' 버튼을 누르더라도 한글 기능이 추가되었다면 'ㅁ'이 나타날 것입니다.

조금 혼동될지도 모르겠습니다만 이것이 어느 정도 이해된다면 하나님이 하나인데 어떻게 같은 성령이 사람들에게 다 존재할 수 있는지에 대해서 수긍이 갈 수도 있겠다고 생각합니다. 성자의 존재도 하나님의 개체화로 볼 수 있을 것입니다. 인류의 인구가 늘어나고 믿는 사람들이 수없이 많아진다고 해서 하나님이 바빠지셔서 나를 돌아보지 못하실까요? 다형성의 성질과 같이 그의 성품은 무한하십니다. 나는 불행하고 내 옆 사람은 행복해 보이는 것이 하나님이 나를 잊으셔서 그런 걸까요? 믿음만 있다면 그 사람에게도 나에게도 동일한 성령님의 성품이 개체화되었습니다. 옛날에 쓰여진 성경 안에서만 계시는 분 같은가요? 이 첨단의 시대보다 더 앞서서 시공을 주관하시는 하나님의 속성이 유전성을 통해 제 삶에 계속 새로운 모습으로 공급되고 있습니다.

예수님은 하나님 아버지의 본체를 가지시면서도 볼 수 있고 만질 수 있는 형이하학적 존재인 인간의 형태로 변화하셨다는 것과 동일한 속성을 가진 성령님이 각 사람에게 맞는 보혜사, 변호인 혹은 카운슬러로서 이 순간에도 내 안과 내 주위에 계시다는 것을 이 낯선 설명을 통해서라도 이해하는 데 조금이나마 도움이 되었으면 합니다. 물론 우리 각자의 고백이 이와 동일할 필요는 없습니다. 사랑하는 연인이 생긴 사람에게 당신의 사랑을 그림으로 표현해보라고 하면 그들 나름대로 형상을 그릴 것입니다. 그러므로 그 형상이 중요한 것이 아니고 사랑함이 중요한 것입니다. 하나님에 대한 것 역시 믿음으로 살아가는 당신에게 주시는 가장 좋은 이해의 방법이 생길 것입니다.

결국 이 모든 말씀들을 나 자신과 관련되는 것으로 받아들이기 위해서 나와 주님과의 인격적인 만남을 진정으로 가질 때입니다. 그분이 당신의 삶을 통해 운행하시도록 마음을 열어서 그를 초청하시고 기도하십시오. 그리고 작은 응답, 체험, 깨달음을 모아 당신의 믿음을 쌓아 나가야 합니다. 그의 의로우심에 대한 신뢰를 진심으로 가질 때 우리가 구하는 모든 것은 그가 돌보아주실 것입니다(마 6:33).

1

당신이 사랑하는 사람이 있습니까? 그 사람을 향한 당신의 '마음'을 그림으로 다양하게 그려보십시오.

2

성경 안에 나오는 개념적인 것들의 '형상'이 당신의 믿음에 얼마나 큰 영향을 줍니까? 당신은 그 의미가 중요하게 다가오나요? 아니면 그 모습이 더 궁금하십니까?

3

하나님이 하늘에도, 성경 안에도, 내 마음속에도 계신다는 말을 들은 적이 있을 것입니다. 교회 밖에도, 출장이나 여행 중에도 나와 함께하실까요? 이것이 어떤 뜻일까요?

천국은 하나님이 약속하신 영생의 공간입니다. 천국에 가고 싶은 소
망을 가진 사람이 하나님께 기도하고 마음을 열어 믿음을 얻는 것
은 하나님이 주신 큰 은혜입니다. 혈루병을 앓았던 여인이 예수님께
나음을 받고자 믿음을 가지고 그에게 매달렸던 것처럼 말입니다(막
5:21-34). 하지만 단지 천국에 가고자 하기 때문에 하나님을 믿는 것
이 신앙이라기보다는 그가 진리이심을 알고 그를 믿는 자에게 그가
대가 없이 선물로 주시는 은혜가 바로 구원이요 천국이라고 하는 것
이 맞을 것입니다.

　예수님이 말씀하는 은밀하고 비밀한 천국에 대한 내용은 마태복음
13장에서도 나타나 있습니다. 그는 우리가 이해해야 할 천국의 모습
을 뿌려진 씨앗, 겨자씨, 누룩과 같은 비유로 보이시고, 천국을 천사
에게 이끌리어 이르는 곳이고 불의 지옥과는 큰 구덩이로 나뉘어 오
갈 수 없는 곳으로 말씀하시는 장면도 있습니다(눅 16:19-26). 또한
세상을 떠나 그리스도와 함께 있어 복된 곳으로 말씀하기도 합니다
(빌 1:23). 정확히 어떤 곳인지 그곳의 정밀한 묘사는 없는데, 그러므
로 천국은 믿음으로만 알 수 있는 하나님의 은밀하고 비밀한 곳인 것
같습니다.

믿음의 최종 종착이고 가장 아름다운 곳인 천국이, 반대로 이런 이유 때문에 믿지 않는 분들에게 많은 의심을 받는 곳이기도 한 것 같습니다. 천국이라는 것은 없고 단지 사람들의 환상이 만들어낸 가상의 존재라는 의견도 많은 것이 사실입니다. 이 책에서 제가 천국을 과학적으로 증명하거나 묘사할 수는 없습니다. 그러나 믿음을 가진 사람들이 왜 천국이 있다는 것을 믿는지에 대해서 각자 나눌 수 있을 것입니다. 이런 부분에 대한 제 생각들을 믿는 자의 관점에서 나누어볼까 합니다.

몇 년 전에 천국과 관련해서 화제가 된 하나의 사건이 있었습니다. 미국 하버드대학 신경외과 교수 이븐 알렉산더(Eben Alexander) 박사는 뇌의학 전문가로서 해당 분야에서 권위 있는 인물이었습니다. 그가 2008년 뇌수막염 균에 감염된 대장균(Escherichia Coli)에 노출되어 급성 뇌수막염을 앓게 되었고 뇌에 고름이 차오르는 증상으로 뇌사 상태에 빠지게 되었습니다. 그런 그가 사망 선고를 받을 상황에서 7일 후 기적적으로 깨어나게 됩니다. 그의 이야기는 2013년 뉴스위크에 실렸고 그가 쓴 책《Proof of Heaven》은 아마존에서 20주나 베스트셀러가 되었습니다.

이와 같은 스토리를 접했더라도 믿지 않는 주위 분들은 단지 그것이 아직 남아 있었던 뇌 기능에 의해 있을 수 있는 환각 혹은 꿈과 같은 내용이라고 해석했습니다. 오히려 환각제나 특정 마취제 등을 주사한 실험에서 유사한 환상을 경험하는 경우가 있다는 글을 본 적도 있습니다. 저 역시 전문 지식으로 따지자면 데이터 과학자이지 생명 과학자가 아니므로 의학적인 부분에 대해서 언급할 수 없기 때문에 이 의학적 사실들이 모두 진실이라는 가정하에서 출발하여 믿음을 가진 사람으로 상식적 수준에서 생각해보겠습니다.

먼저, 의학적인 실험이나 검증을 통해 천국을 부정하는 것은 천국을 의학적으로 증명하는 것과 동일하게 어려운 일이라는 것입니다. 즉, 천국을 경험했다는 것이 호르몬이나 약품에 의한 신체 반응에서 유사하게 나타나는 것을 관찰했을지라도 천국이 실재하지 않음을 증명하지는 못한다는 것입니다. 그 반응은 천국이 존재하되 사람이 그곳에 들어가기 직전에 단지 신체에서 일어날 수 있는 현상이라고 할 수 있기 때문입니다.

마치 무지개의 원리가 프리즘 현상이라는 것이 과학으로 밝혀졌다고 해서 무지개가 하나님이 물로 심판하지 않겠다고 하신 메시지라는 것이 허구라는 결론이 될 수 없는 것과 같고, 메뚜기떼가 먹이와 기후의 영향으로 일어나는 것이 과학적으로 보여졌다고 해도 하나님이 그 시간에 그 장소에 그 인과관계를 만들어 행하신 것 자체를 부정할 수는 없다는 것과 같은 것입니다. 모든 과학적 자연법칙을 하나님이 창조하셨듯이 프리즘의 원리나 메뚜기떼의 본능적 습성까지 지으셨으며 그것을 필요한 곳에 보여주신 것이라고 믿는 것이 믿는 사람들의 시각인 것입니다. 오히려 인공적으로 임사체험(臨死體驗)을 만들기 위한 마취제에 의한 케이스들은 천국의 형상을 경험했다기보다는 그야말로 환각을 경험했을 가능성이 높다고 봅니다. 어렸을 적 환각물질을 흡입하고 있던 비행 청소년들이 진실된 천국을 경험하는 것이 아닌 것과 같이 말입니다.

그렇다면 이러한 과학적 주장이 천국의 존재를 기각할 수 없다고 할 때 천국이 진실이라는 것은 어떻게 증명할 수 있을까요? 그것은 앞서 말씀드린 상어와 사자의 공간과 같은 구도에서 믿음의 세계에 대한 것이 될 것입니다. 상어의 눈으로는 사자의 존재를 이해할 수 없고 그와 함께 있을 수도 없습니다. 천국을 말씀하신 하나님과 예수님의 은혜를 믿고 그분의 사랑과 공의의 섭리를 평생 말씀으로, 그리고 경험으로 접함으로써 나 스스로 인격적인 증인됨을 통해 천국의 말씀을 믿어 확증하는 것입니다. 이븐 알렉산더 교수와 같은 매우 특별한 임사체험을 한 사람은 직접 그것을 보고 느끼고 체험하여 증거할 수 있겠으나 보통은 그런 경우가 아니므로 믿는 사람은 믿음으로 그것을 알게 되는 것이며 그들이 천국의 부름을 받을 때 그것을 체험하게 될 것입니다.

말씀으로부터 오는 믿음, 이른바 '특별계시'라고 하는 부분이 이것일 것입니다. 설령 말씀에 의하지 않더라도 '일반계시'라고 하는 부분으로서 조금이라도 영적이고 믿음에 기초한 시각을 갖는다면 이를 뒷받침할 증거가 많을 것입니다.

첫 번째로 천국을 경험했다고 하는 다양한 사람들의 공통된 증언이 하늘, 구름, 만남, 빛, 사랑하는 사람들과 같은 성경적 이미지와 대상으로 나타난다는 것입니다. 이전에 믿지 않는 사람들도 그러하고 심지어 불교를 믿던 승려조차 그와 같은 진술을 하고 있습니다. 임사시에 체내에서 생성되거나 외부에서 실험을 위해 주입된 환각물질에 의한 환각이라고 가정한다면 그중 많은 사람이 그동안 세상의 즐거움 안에서 자신이 좋아했던 파티나 술과 같은 즐거움과 환락적인 이미지가 그려졌을 수도 있을 테지만 그런 케이스는 들어보지 못했습니다. 일관되게 성경적 모습에 가까운 것들을 얘기하고 있다는 것은 확률적으로 단순한 환각 작용이라고 하거나 꾸며낸 이야기라고 이해하기 힘든 것입니다.

두 번째는 이와 같은 임사체험을 한 사람들의 이후 삶이 대부분 바뀐다는 것입니다. 사람들이 이러한 경험 후에 선한 삶을 살고 믿음의 세계와 하나님의 말씀에 근거한 인생으로 바뀌는 것은 우연이 아닙니다.

세 번째로, 천국에 대해서 지금 현시대에 하나님이 만든 이와 같은 스토리를 조금만이라도, 겨자씨와 같이 작더라도 영적으로 이해하려 한다면 천국의 존재를 느낄 수 있을 것입니다. 앞서 말씀드린 하버드 의대 교수의 예를 보더라도 그렇습니다. 지구상에 뇌의학에 대해 연구하고 세계 최고 수준의 명성을 가진 사람이 수십 억 명의 인구 중 몇 명이나 될까요? 그는 지금까지 한 번도 천국에 대해 인정한 적이 없었음은 물론 그것을 적극적으로 부인했어야 합니다. 그 사람이 수천수만 명 중 한 명이 한다는 임사체험을 하고 다시 살아날 확률은 어떻습니까? 게다가 2013년 기준으로 아마존에 등록된 서적의 수가 3천만 권임을 생각할 때 천국이나 믿음에 대한 영적 세계를 논하여 아마존에서 베스트셀러가 될 확률은 또 얼마나 될까요?

그런데 더 놀라운 것은 일어날 가능성이 희박한 이 여러 가지의 상황이 내가 살고 있는 세대에, 그것도 단 몇 년 전에, 어느 한 명의 삶을 통해 겹쳐서 모두 일어났다는 것입니다. 이것이 여전히 우연처럼 들리시는지요? 우리가 이유를 알지 못하거나 의도적으로 어떤 현상을 거부하고자 할 때 마지막으로 외면하고 돌아서버리는 구실은 항상 '우연'이라는 말입니다. 조금만 곰곰이 생각하고 들여다보면 이 모든 연쇄 효과의 중심에, 그 일련의 사건 마지막에 이루어지는 어떤 '의도된 스토리'가 보이지 않습니까? 이 지구상에 천국을 증명하는 데 있어서 가장 적합한 사람이 있다면 그것은 아마 천국에 대해 가장 과학적이고 논리적으로 거부해왔고, 그런 지식으로나 명성으로 최고의 기반을 가지고 있으며, 현존하는 인간 중 믿음과 하나님의 세계와는 가장 멀리 떨어진 사람일 것입니다. 그런 그가 어느 날 갑자기 천국이 진실로 있다고 말할 때 사람들은 의아해할 것이고 좀 더 그의 말에 귀기울일 것이기 때문입니다.

이 하버드 의대 교수가 바로 그와 같은 사람이었고 그는 그와 같은 일을 한 치의 오차 없이 겪었고 주어진 일을 실행하였습니다. 놀랍게도 신약성경의 상당 부분의 기자였던 바울이 바로 정확히 당대의 이러한 사람이었습니다. 그는 로마 지식인으로서 권력을 가지고 있었으며 그리스도인들을 핍박하고 고소하였으므로 누가 보더라도 하나님과는 가장 멀리 있던 사람이었습니다. 그가 예수님의 빛을 보고 그 일로 회심하여 새로운 사람이 되었듯 알렉산더 교수에게 일어난 일도 지극히 하나님의 방법임을 알 수 있습니다. 20대 후반까지 믿지 않았던 저의 경우, 그들과 비교할 수 없이 미약한 사람이지만 제가 이 글을 쓰게 된 맥락 또한 그와 비슷합니다. 나의 작은 인생의 스토리를 통해 하나님의 살아 계심과 천국에의 소망을 진솔한 증언과 찬양으로 올려드리고 싶은 것입니다.

예수님이 천국에 대해 설명하실 때 그곳이 어떤 곳인지를 말하지 않고 뿌린 씨의 비유, 가라지의 비유, 겨자씨의 비유와 같은 말씀을 하셨습니다(마 13:1-32). 저도 처음에는 이 비유들이 천국이 있다는 것과 무슨 상관이 있는가 의아했습니다. 그러나 이제는 알 것 같습니다. 천국의 비밀을 알게 될 열쇠인 믿음을 가질 수 있는 이유들이 성경에는 물론 우리 삶과 자연 안에 얼마든지 있다는 것을 말입니다. 우리가 이 은혜를 애써 거부하지 않고 우리 눈에 보이지 않을 정도로 작은 겨자씨와 같은 믿음으로 시작하기만 하면 됩니다. 그것이 자라서 결국 천국이 당신의 것이 될 것이고 바로 지금 우리의 삶도 천국과 같이 변화할 것입니다.

1

당신은 '우연'이라는 말을 많이 하시는 분입니까? 언제 그 말을 많이 쓰십니까? 이 세상이 우연으로 이루어진 곳이라면 우리의 삶은 장차 어떤 방향으로 흘러갈까요?

2

믿음을 가짐으로 천국의 진실과 비밀을 아는 삶이 될 때 천국을 소망하고 사는 삶과 그렇지 않은 삶은 어떻게 다를까요?

3

예수님은 천국이 무엇인지에 대해 그 형상을 묘사하지 않고 왜 '누룩', '겨자씨' 같은 비유의 말씀을 하셨을까요?

3장

공의의 원리

하나님이 전능하시다면, 왜 악을 막지 않으시는가

하나님의 성품을 알기 위해서는 두 개의 키워드가 가장 중요하다고 생각합니다. 그것은 공의와 사랑입니다. 먼저 공의에 대해 생각해볼까 합니다. 한마디로 공의(Righteousness)는 죄와 악을 싫어하시는 하나님의 성품 그리고 그를 통한 하나님의 능력과 행하심입니다. 하나님은 절대적인 선하심의 존재이므로 죄나 악과 타협할 수가 없는 분이십니다. 따라서 하나님의 피조물인 인간의 죄에 대해서, 성경에서는 죄의 결과는 사망이라고 분명히 말하고 있습니다(롬 6:23). 즉, 죄가 있는 모든 자는 죽는다는 것이지만 약간 달리 말한다면 인간이 구원받지 못하면 사망의 권세에 의해 천국에 가지 못한다는 뜻이라고 할 수 있습니다.

그러나 제 경우와 같이 이 명제를 처음 접하거나 거부감을 갖는 분들의 마음에는 여러 반론이 제기될 수 있습니다.

"나는 지옥에 갈 만큼의 형벌을 받을 죄는 짓지 않았다. 죄의 기준을 왜 완벽한 선에서 찾는가?"

"죄가 있다고 해서 천국에 가고 못 가는 기준이 왜 공정한 것인가?"

"인간은 본래 선한 존재이다. 필요 불가결하게 잘못을 저지르는 경우가 있지 않나?"

"선하게 태어난 인간이 많은 외부 환경적 요인 - 그것이 사탄일 수도 있겠지만 - 에 의해 죄를 짓는 것이지 왜 내가 그 죄의 주체라고 하는가?"

"사랑의 하나님이라면 왜 나의 죄를 관대하게 용서해주고 천국을 허락하지 않는가?"

"근본적으로 죄가 문제가 된다면 왜 죄의 근원인 악을 끊어버리시지 않는가?"

이외에도 많은 의문이 있을 수 있겠지요. 그래서 저는 하나님의 공의, 특히 죄와 악을 바라보는 많은 질문을 몇 가지 유형으로 나누어 보았습니다.

① 죄, 악, 구원, 천국 같은 것은 없다.

② 구원과 천국은 있을지 모르나 나는 죄가 없다 혹은 적다.

③ 나에게 죄가 있을지는 모르나 그것은 내가 아닌 악 혹은 사탄에 의한 것이다. (간혹, 모든 이에게 죄가 있으므로 아무도 천국에 갈 수 없거나 극소수의 선행자만이 갈 수 있을 것이다)

④ 악이 존재할지 모르나 그것은 하나님이 악을 창조 혹은 방관했기 때문이다. (즉, 하나님의 모순이므로 구원, 천국 같은 것은 없을 것이고 다시 첫 번째 질문으로 회귀)

첫 번째 질문은 1장과 2장에서 주로 다루었다고 생각합니다. 믿음은 그 존재를 알고 실체화하는 열쇠가 됩니다. 두 번째 질문은 앞서 말씀드린 대로 하나님의 성품에 대한 선언과 관련이 있습니다. 하나님은 그러한 분이시기에 당신의 작은 죄까지 모든 것을 알고 계시고, 더욱 중요한 것은 태어나면서부터 우리는 죄를 가지고 있으며 그 죄성을 드러내고 있다는 것입니다. 성선설과 성악설의 클래식한 논의를 두고서라도 어느 누구도 살면서 양심에 죄를 고백하지 않을 사람은 없습니다. 저는 아직 믿음이 없을 때 이런 생각을 가지고 있었습니다.

'내가 나중에 눈을 감을 때 내 삶을 돌아보고 잘한 것과 잘못한 것을 돌이켜보게 될 것이다. 그때 대단한 사람은 못 되었더라도 적어도 후회 없이 살았다고 생각할 수 있도록 열심히 최선을 다해 정직하게 살자.'

그런데 이 평범한 다짐에 비어 있는 것이 있었습니다. 내가 후회 없다고 말하는 것이, 그리고 내가 정직하게 살았다고 여기는 것이 과연 어떤 수준이면 그렇다고 말할 수 있는가 하는 것입니다. 즉, "후회할 만한 것과 정직했다는 기준이 내가 생각하기에 '이만하면 됐지'라고 하는 그것일까?"라는 반문이 들었습니다. 그것이 맞는다면 사기나 강도와 같은 중죄를 저지른 사람도 '그때는 내가 그럴 수밖에 없었고 그래도 그 뒤에 다른 좋은 일을 많이 했고 주위 평판도 좋았으니까 후회는 없어'라고 스스로 생각한다면 그것으로 그 사람은 후회 없이 정직하게 산 사람일까요? 누군가 "나는 교통 위반 한 번 정도밖에 한 적 없으니 잘 살았어"라고 한다면, 예컨대 1년 이상 징역 혹은 1천만

원 이상의 벌금형을 받지 않았다는 것이 그의 잘 산 인생의 기준입니까? 삶을 되돌아보고 그 의미를 알기 위해서 적어도 저에게는 궁색한 자기 위로가 아닌 더 궁극적인 기준이 무엇인지 궁금했습니다. 이것이 죄의 문제에서 인간이 자유로울 수 없다는 것의 시작인지도 모르겠습니다.

세 번째 질문은, 절대자가 보기에는 설령 내게 죄가 있다고 하더라도 그것은 나의 문제가 아니라 그럴 수밖에 없는 상황 때문이라는 것입니다. 즉, "인간들이 오죽하면 이렇게 살게 되었겠는가", "이렇게 사는 것이 이 시대를 사는 법 아니겠는가", "도대체 누가 진실로 깨끗하게 살 수 있겠는가"와 같은 항변입니다. 더 나아가 네 번째 질문에서처럼 부조리와 악이 가득한 이 세상을 만들고 내버려둔 신에 대한 원망이자 책임전가로 이어질 수 있습니다. "정말 선하고 전능한 창조주가 있다면 어떻게 죄와 악을 허용하는가", "그러므로 창조주나 신과 같은 것은 없다. 따라서 그 관점에서의 죄라는 개념도 존재하지 않는다"와 같은 비판이 그것입니다.

이와 같은 입장을 철학적이고도 지성인답게 표현한 사람이 있었습니다. 고대 그리스의 철학자이자 교육자였던 에피쿠로스(Epicurus, 341-270 BC)가 창시한 에피쿠로스주의(Epicureanism)의 삶의 목적은 행복하고 평온한 삶을 얻는 데 있었고 평정(Ataraxia), 평화, 공포로부터의 자유, 무통(無痛, Aponia)의 특징이 있었다고 합니다. 그는 쾌락과 고통은 무엇이 좋고 악한지에 대한 척도가 되고, 죽음은 몸과 영혼의 종말이기 때문에 두려워하지 말아야 하며, 신은 인간을 벌주거나 보상하지 않고, 우주는 무한하고 영원하며, 세상의 모든 현상들은 궁극적으로는 빈 공간을 움직이는 원자들의 움직임과 상호작용으로부터 나온다고 가르쳤습니다. 수천 년 이전의 고대의 철학자가 생각했던 내용입니다만 현재 우리 주위의 무신론을 가진 분들의 생각과 매우 많은 부분이 일치하고 있어서 놀랍습니다. 그가 말했던 유명한 논증이 있는데 그것은 다음과 같습니다.

명제 1

신은 악을 없애려 하지만 그럴 수 없는 것인가?
그렇다면 그는 전능한 것이 아니다.

명제 2

할 수 있지만 하지 않고 있는 것인가?
그렇다면 그는 악한 것이다.

명제 3

능력도 있고 의사도 있는가?
그렇다면 악이 어떻게 존재할 수 있는가?

명제 4

능력도 없고 없애려 하지도 않는가?
그렇다면 우리는 왜 그를 신이라 부르는가?

혹시 글을 빨리 읽고 있다면 위 질문들이 중요하니 한 번 더 천천히 읽으시면 좋을 것 같습니다. 그는 일단 신의 존재를 인정했던 것 같습니다. 그러나 네 번째 명제는 결국 "신이 없다"라고 해도 무방할 문맥이라고 봅니다. 예전의 저를 비롯한 많은 분들이 이와 같은 생각을 가지고 있거나 믿음이 있더라도 이러한 논증을 까다롭게 생각하시는 것 같습니다. 이것은 제가 1장에서 말씀드렸던 사자와 상어의 이야기처럼 지극히 다른 차원에서 바라보며 합리와 논리로 전개하는 전형적인 시각입니다.

기본적으로 이 모든 질문은 몇 개의 근본적인 오해에서 시작됩니다. '선'을 이루기 위해서 '악'이란 없애야 하는 불필요한 것이라는 것이 첫 번째입니다. 그리고 신이 능력이 된다면 인간의 윤택한 삶을 위해서 '봉사'하여 악을 제거해주어야 하는 존재라는 가정이 두 번째입니다. 또한 '악'을 '신'과 동일 선상에 놓고 마치 누가 더 강한지를 재고 있는 것처럼 보이는데 이것도 개념이 잘못되었습니다.

하나님께서 모든 악의 근원으로 형상화한 선악과를 태초에 허락하신 이유를 아실 것입니다. 그 유혹을 부추기는 뱀이 이미 그 동산에 있었고 그 역시 하나님의 창조물입니다. 하나님은 자신의 피조물인 우리와 교제하기 원하셨고 그 교제의 중심에는 하나님에 대한 신뢰와 믿음이 필요했으며 그 하나의 상징으로 선악을 알게 하는 나무에 대한 인식 혹은 규율을 지키기 원했습니다. 또한 우리가 우리의 성정을 스스로 판단하여 행동할 수 있는 자유 의지를 허락하심으로 선과 악의 길 가운데 택하기도 하고 하나님을 찾기도 할 수 있는 자유로움을 주셨습니다. 악의 존재 역시 하나님의 창조와 함께 '선'과의 대비, 선택권을 허락하시기 위해 남겨 놓으셨습니다. 그 모든 것이 창조 때부터 그의 주권 안에 있습니다.

그 관점에서 진술했던 명제들에 대한 제 믿음을 다시 써볼 수 있었습니다.

> 명제 1
>
> 신은 악을 없애려 하지만 그럴 수 없는 것인가?
> 그렇다면 그는 전능한 것이 아니다.

하나님은 악과 인간의 자유 의지를 허락하여 유혹 속에도 믿음을 지킨 자를 구원하십니다. 악이 없다면 인간은 선을 구분할 필요도, 능력을 구할 기회도 없을 것이고, 그것은 하나님의 은혜와 진정한 교제를 위해 그분이 바라는 것이 아닙니다. 악과 경쟁하는 관계 속에서 그것을 제하여야 한다는 가정하에 그의 능력을 의심할 것이 아니라 그보다 한 단계 위에서 그의 주권 안의 악을 활용하여 우리의 궁극적 구원을 이루시는 하나님의 사랑의 역설을 이해해야 합니다.

> 명제 2
>
> 할 수 있지만 하지 않고 있는 것인가?
> 그렇다면 그는 악한 것이다.

할 수 있지만 하지 않고 있는 것이 맞습니다. 그러므로 그는 선하십니다. 왜냐하면 그것을 통해서도 인간이 자유로운 의지로서 하나님을 알게 하고 믿게 하며 서로 교제할 수 있게 되기 때문입니다.

명제 3

능력도 있고 의사도 있는가?
그렇다면 악이 어떻게 존재할 수 있는가?

능력이 있고 의사도 있습니다. 그러나 지금까지 악이 존재할 수 있는 이유는 다만 때가 될 때까지 우리에게 진정한 믿음을 주시고 구원하시기 위함입니다. 악이 없게 되면 우리는 우리의 믿음이 필요하지도 않을뿐더러 별다른 의미가 있지도 않을 것입니다.

명제 4

능력도 없고 없애려 하지도 않는가?
그렇다면 우리는 왜 그를 신이라 부르는가?

위와 같은 큰 그림으로 나를 사랑하시므로 하나님의 능력은 무한하며 악은 그 아래 있습니다. 그러므로 그는 전능하신 하나님이십니다.

첫째 딸 서연이가 네 살 때 신종 플루로 아팠던 적이 있었습니다. 그때만 해도 그 새로운 인플루엔자의 위력이 세상에 알려진 것이 처음이어서 너무 놀라고 힘들었습니다. 약을 투여했는데도 41도를 오르내리는 열로 숨을 가쁘게 쉬는 아이를 옆에 두고 하나님께 밤새 기도했던 것 같습니다. '이 아이를 낫게 해주세요'가 아닌 '제발 살려주세요'라는 눈물의 기도였습니다. 며칠 뒤에 아이가 회복되기 시작했습니다. 그 뒤로는 유사 인플루엔자가 돌아도 큰 문제 없이 지나갔습니다. 만일 서연이가 앓고 난 뒤에 누군가 내게 와서 이런 질문을 했다면 어땠을까요.

"이런 병원균이 많은 세상에서 아이를 보호하려면 무균실을 만들어 그 안에 보호해야 하지 않을까요? 부모로서 그럴 능력도 그럴 의도도 없으신 건가요? 그렇다면 당신을 왜 부모라고 불러야 하나요?"

그렇다면 저는 이 사람의 정신이 과연 정상인가 생각할 것입니다. 병원균은 사실 몸의 저항력을 키우는 데 필요한 부분도 있습니다. 물론 그것으로 생명이 위태로울 수도 있지만 일반적으로는 부모와 의사의 보호로 이겨내므로 자유롭게 일상생활을 하며 항체를 키우는 것이 좋습니다. 제가 이 당연한 얘기로 무슨 얘기를 하려는지 아실 것입니다.

무슨 철학이니 주의니 이런 지식적 유희와 달리, 너무나 단순하고 분명하며 우리 가까이에 하나님의 공의와 사랑이 있습니다. 하나님은 철학자들만 대단한 수련과 연구로 깨우쳐서 그분의 친구가 되게 하지 않으셨습니다. 이것을 알기 위해 제 앞에서 땅이 갈라지고 샘이

터져 오르는 기적까지도 필요하지 않습니다. 이런저런 다양한 사람들과 만나며, 예전에 나에게 없던 사랑을 나누며 만나고, 제가 공부하고 회사 다니며 힘든 가운데 단순한 자기 위안이 아닌 밖에서 공급받는 위로와 안식을 얻고, 교회와 말씀을 통해 감동을 받으며 감사하는 삶 속에 예수님을 통한 구원까지 주시는 하나님의 큰 사랑을 인정하기만 하면 되는 것입니다. 이 악으로 가득 찬 세상에서 주님의 공의는 주님에 대한 나의 사랑을 빛나게 합니다. 이 얼마나 진실로 가슴 뭉클하며 따뜻한 원리입니까?

1

선과 악의 구도 안에서 당신이 논리적으로 이해가 되지 않았던 의문점은
어떤 것이었습니까? 그것에 대해 해답을 찾을 수 있습니까?

2

삶 속에 다가온 유혹과 시험의 과정을 통해 결국 하나님이 주신 은혜의 경
험이 있습니까? 그 일이 왜 당신에게 그때 그 상황에서 필요했다고 보십니
까?

3

나 스스로 해답을 찾지 못했는데, 하나님의 말씀을 통해 해답을 찾은 것으
로는 무엇이 있습니까? 성경의 말씀일 수도 있고 목사님이나 믿음의 이웃
을 통해서일 수도 있습니다.

하나님을 믿는 사람들과 그렇지 않은 사람들이 세상에서 성공할 확률에 대한 정확한 통계는 없습니다. 그와 같은 자료가 있다고 하더라도 여러 가지 상관 요인으로 객관적이기 어려울 것입니다. 그러나 제 경우에도 그간의 경험을 보면 이 질문에 대해 수긍이 가는 부분들이 있습니다. 예컨대 직장생활을 오래하신 분들은 그 조직 내에서 어떤 역학 관계, 즉, 고과 성적, 경영진으로부터의 인정, 승진과 출세 등을 둘러싼 치열한 눈치와 두뇌 싸움들을 경험하셨을 것입니다. 그것은 정도의 차이는 있을지 모르나 국적을 불문하고 조직 사회 내에 존재합니다.

보통 어떤 사람들이 승승장구하던가요? 을(乙)의 위치에 있는 사람들에게 공정하고 아량 있게 대하는 상사가 있는가 하면, 주말에도 불러내서 일을 시키고 이른바 갑질을 좀 해야 일이 제대로 돌아간다고 말하는 사람도 보았습니다. 심지어 '을' 입장에 있는 분들에게 인간적으로 대했을 때 그런 상황에 익숙하지 않아 오히려 어색해하는 경우도 있었습니다. 항상 그런 것은 아닙니다만 깊은 믿음을 가진 분들일수록 다른 사람에게 모질지 못하고 곤란을 당하기도 하는 상황을 보기도 합니다. 주위 사람들은 그 사람을 보며 '사람은 좋은데 카

리스마가 없다'라든지 '큰일을 맡을 사람은 아닌 것 같다'와 같은 평을 합니다. 반대로 '저 사람은 너무 심하게 부하 직원을 굴린다', '일도 일이지만 인간성이 저래서야 되겠나' 하는 말을 듣는 사람들이 '그래도 일은 딱 부러지게 한다'는 말을 들으며 승승장구하는 경우도 봅니다. 성과가 중요한 기업의 입장에서는 당장 그런 사람이 필요하겠지만 중장기적으로 조직심리학적 관점에서도 그것이 반드시 좋은 것은 아니겠지요. 제 경험으로도 이와 같은 문화가 있는 조직이 있는가 하면, 상대적으로 수평적이고 개인의 삶을 존중하며 각각의 특기와 개성을 파악하고 공정하게 대우하는 회사도 물론 있었습니다.

성경에서는 사랑과 공의를 가르칩니다. 그것을 믿는 사람들이 위와 같은 환경에서 불이익을 당할 수도 있습니다. 반대로 제대로 하나님의 말씀을 실천하지 못하는 사람들은 '교회 다니는 사람들이 더하더라'와 같은 소리를 듣는 경우도 있는데 이 부분은 이후에 생각해볼까 합니다. 아무튼 이런 각박한 세상을 사는 우리는 이웃을 사랑하고 심지어 원수도 사랑하라는 말씀에 갈등하게 됩니다. 하나님이 책임지지도 못할 거면서 우리에게는 손해보며 살라는 말 같습니다. 더 나아가 믿음이 없는 분들에게는 그 말씀이 거짓말이거나 위선적으로 들릴 수도 있습니다. 그렇다면 이것은 하나님의 공의와 공평에 문제가 있는 것입니까? 믿음의 관점에서 이 상황을 어떻게 바라보아야 할까요? 그리고 믿는 사람들이 바보가 아니라면 왜 이런 불이익을 당할 것 같은 것을 알고도 사회 안에서 믿음을 지키려고 하는 걸까요?

이제 믿음의 눈으로 이 질문을 다시 생각해보고자 합니다. 우리가 공평하지 않다고 생각하고 있는 사회 속에서의 '가치'가 진실로 성공을 잴 수 있는 것인지 먼저 반문을 드립니다. 쉽게 말하자면, "그래서 출세하고 돈을 많이 버는 것이 정말 이긴 건가요?"라는 것입니다. 다 부질없으니 속세를 떠나 산속에서 모든 것을 잊자는 얘기가 아닙니다. 오늘 먹고 사는 문제 앞에 있는 대다수의 사람들에게는 그럴 수도 없지요. 어찌 보면 믿는 사람들은 욕심쟁이입니다. 무엇이 중요한지 알고 그것을 끊임없이 기도하고 구합니다. 그런데 여기서 다른 것은 그들이 구하는 '가치'의 차별성입니다.

아이러니한 것은 제 경험으로 사람들은 불공평과 부조리에 대해 토로하고 그와 같은 사람들을 비난하지만 정작 그 사람도 그러면서 세상을 배우는 거라며 자신도 결국 그렇게 닮아간다는 것입니다. 자기는 아니라고 해도 인간은 환경의 영향을 받는 존재이기 때문에 뒤떨어지거나 따돌림 당하는 것을 피하기 위해 자기도 모르게 그렇게 살아갑니다. 갑질이 문제가 되고 있는 시대이지만 정작 을(乙)의 병(丙)에 대한 문제가 갑질보다 더하다는 말도 들었습니다.

악이 악을 부르는 것은 이 세상의 풍조입니다. 그러므로 불공평한 가해자로 보이는 사람도 나쁘지만 그들이 움켜쥐려 하는 가치에 절대적으로 동의하고 서로 미워하는 그 주위의 사람들 역시 같은 리그 안에 있는 사람들입니다. 따라서 이 문제는 일부 나쁜 사람만이 원인이 아니고 그들 모두가 암묵적으로 생각하는 그 목표와 가치들이 그들을 병들게 하는 것입니다. 무엇이 이 불공정과 악의 고리를 끊을 수 있을까요?

하나님의 공의는 법(法) 정의와는 다른 부분이 있습니다. 법 정의는 사회 공공 이익에 반하는 위반 사항에 대해 벌주려는 목적을 가지고 있습니다. 하나님의 공의는 하나님의 성품을 시인하고 세상을 바라보는 시각과 행동을 다르게 하며 무엇보다 사랑이 가장 궁극적인 가치임을 알게 하는 것이 목적입니다. 일어난 일에 대한 처벌이라기보다는 근본적인 변화와 치유입니다. 자기 위안이나 참선이 아닙니다. 별로 선한 것이 없는 내 안에서 겨우 시원치 않은 것을 만들어내는 것이 아니라 밖으로부터 나에게 들어오는 절대적인 진리, 그리고 그로 인한 자유와 평안입니다.

제가 예전 회사에서 자리를 옮긴 지 상당히 시간이 흐른 뒤에 제 이웃 부서에서 일하던 한 임원에게서 연락이 왔던 적이 있었습니다.

"네 상무님, 정말 오랜만입니다. 잘 지내셨어요. 한국이신가요? 아니면 해외세요?"

그 분은 회사에서 크게 인정을 받아 주로 해외 지사에 근무하셨습니다. 그전에 회사에서 주는 큰 경쟁 부문의 상도 받았고 누구보다 열심히 밤낮없이 열정적으로 일하던 분이었습니다.

"네. 잘 지냅니다. 그런데 사실 제가 작년에 재계약을 하지 않았어요. 개인생활이 너무 바쁘고 건조해지는 것 같아서요. 그쪽 회사생활은 어떠세요?"

저는 그 분이 이렇게 말할 때 의아했습니다. 그 회사에서 이런 분이야말로 "우리 회사 너무 좋아요"라고 하지 않는다면 누가 그렇게 말할 수 있을까 하는 생각이 들 만큼 성공적으로 회사생활을 하시던 분이었기 때문입니다. 더욱이 제가 그 회사를 떠나고자 했을 때 그분이 담당했던 업무에 큰 기회가 있으니 함께 일할 생각이 있는지 진지하게 물어보기도 했던 분이었습니다.

"네, 여기 참 좋네요. 무엇보다 사람들이 순수하고 친절하고 좋아요. 도시 분위기인 것도 같고요. 서로 돕고 친구처럼 지냅니다. 새로운 일도 많습니다, 해야 할 일도 많지요."

"아, 제가 정말 바라던 곳이네요. 혹시 좋은 자리 있으면 알려주세요."

물론 상황에 떠밀려 그런 생각과 선택을 하셨을 수도 있겠지만, 그 대화에서 제가 느낀 것은 아마 그 분이 새로운 '가치'를 생각하시는 것 같았습니다. 그 분이 지내온 환경에서 당연하다 생각했던 것, 특별히 말하지 않아도 모두 공유했던 '그래도 경쟁에서 이겨야 성공이고, 여유도 그다음에 보여주어야 제대로지'라는 것에서부터 '자기 자신의 삶'으로 약간의 전환을 바라고 있다는 것이 느껴졌습니다.

스스로 성공했다고 느끼고 싶으신가요? 그것은 끝이 없는 경주입니다. 주위에서는 상무가 되면, 전무, 사장이 되어야만 잘되고 있다고 말합니다. 아무리 성과를 내고 임원직에 있었더라도 회사를 떠나는 날 그 사람 앞에서는 "수고하셨습니다"라고 말하지만, 뒤에서는 '한때 잘 하셨는데 이번에 밀려나셨어, 쯧쯧'이라고 하는 걱정 아닌 걱정을 하기도 하는 것이 사회의 모습입니다. 이런 환경에서는 긴 경주

끝에 결국 찾아오는 것이 실패의 쓴 맛이므로, 그들에게 오늘의 성공은 내일의 실패를 연장시킬 뿐입니다.

그래도 그렇게라도 한번 성공해보고 싶으시다고요? 그렇다면 이렇게 말씀드리고 싶습니다. "결승선이 없는 성공을 위해서 시간과 관계를 희생하기에는, 인생은 짧고 진정한 다른 가치가 있습니다." 이 말은 일터에서 열심히 일할 필요가 없다는 말이 아닙니다. 맹목적인 경쟁과 출세가 아닌, 하나님으로부터 우리에게 맡겨진 소명의 가치를 느끼고 일할 때 지금의 직장에서 더 즐겁고 신나게 일할 수 있다는 의미입니다.

가정에서도 얼마나 많은 가장들이 '내가 돈 벌어다주기에도 바쁜데 무슨 시간이 있어서 아이들을 돌보고 교회 같은 데를 나가겠나'라는 생각을 합니다. 그러나 정신없이 일하더라도 아빠와 엄마가 무엇을 중요하게 생각하는지를 자녀에게 보여주면 어떨까요? 그러지 않는다면 그들의 노후에는 자녀들의 차가운 시선이 기다리고 있고, 그들은 자녀들의 철없음을 탓하기만 할지도 모릅니다. 회사일 뿐만 아니라 사업도 그렇고 학문의 세계도 다르지 않습니다.

저는 그 분의 말이 기뻤습니다.

"우리 회사가 지금 많이 채용 중에 있고요, 상무님께 맞는 자리가 아마 있을 겁니다. 저도 찾아볼게요. 일 때문이 아니더라도 이쪽에 한번 들르세요. 맛집 좋기로 유명합니다."

물론 그 분이 반드시 하나님을 믿어 그 마음이 생긴 것이라고 생각하지는 않습니다. 그러나 이와 같이 한 걸음 밖에서 생각할 수 있다는 것은, 그리고 그 방향으로 잠시 몸을 움직일 만큼 변화를 가졌다는 것은 큰 의미라고 생각합니다.

가장 중요한 것은 이 세상이 주입하는 굴절된 가치와 우선순위에 휩쓸리지 않는 것입니다. 하나님이 주시는 진리의 말씀이 없다면, 그 성공이라는 끝없는 쳇바퀴에 들어가기 위해 애쓰다가 인생은 소비될 것입니다. 변화가 필요합니다. 그러기 위해서 친구의 말이나 내 안에서 나오는 목소리에 주목해서는 안 됩니다. 왜냐하면 우리는 이미 세상 풍조에 길들여져 있어 내 안의 생각이 묶여 있기 때문입니다. 중국 음식점에서 식사가 끝나고 나오는 포춘 쿠키 안에 프린트된 문구를 따라가서는 안 됩니다. 그 말은 당신의 행복을 위한 것이 아니라 그 음식을 먹는 수많은 사람들의 재미를 위해 고안된 것입니다. 점성술가에게 물어보아서도 안 됩니다. 그와 그가 붙잡고 있는 어떤 음산한 존재가 바라는 것은 당신 인생의 성공이 아니라 당신의 복채와 당신이 다시 찾아와서 노예와 같이 매이기를 원하는 사악함입니다.

당신에게는 당신의 행복과 구원을, 그의 아들의 생명보다 귀하게 여기시는 동반자, 구원자, 전능자가 필요합니다. 진실로 새롭고 궁극적인 가치를 보는 영혼의 혁신이 필요합니다. 너무나 다행스러운 것은 예수님이 당신을 위한 방법을 열어두었다는 것입니다.

1

주위에 선하지 못한 방법으로 성공한 사람들이 있습니까? 그들의 삶에서
우리가 느끼고 실천해야 할 것은 무엇입니까?

2

세상의 방법으로 하는 성공을 부러워하고 있습니까, 아니면 하나님의 방법
을 추구하고 있습니까? 세상 속에서 출세와 부귀로 사는 것과 하나님 안에
서 형통함으로 사는 것 중 어떤 삶을 살고 싶습니까?

3

하나님을 믿는 사람들의 세상 속 모습은 어떠해야 할까요? 하나님이 나의
힘이 되어 나를 성공하고 출세시켜주셔야 한다고 생각하십니까? 아니면
반대로 항상 양보하고 스스로를 억누르고 살아야 하는 것입니까?

하나님의 의지나 방임을 통해 무고한 자들이 고통받는 것은 아닌가

이 땅에 벌어지는 많은 일을 보면 하나님이 하셨을 것 같지 않은 비극적인 일들이 있습니다. 자연재해가 그렇고 테러나 전쟁이 그렇습니다. 아프리카와 남미 등 기아에 허덕이는 어린 생명들이 오늘 이 시간에도 고통받고 있습니다. 믿는 사람들에게도 그 재해가 비껴가지는 않는 것 같습니다. 저는 유학생활 중에 옆 교회 청년이 새벽기도를 가는 길에 교통사고로 생명을 잃었다는 소식을 듣기도 했습니다. 이렇게 거대하고 불가지적이며 인간이 아무런 힘을 쓸 수 없는 일에 망연자실한 마음으로 하게 되는 말이 있습니다.

"하나님은 어디에 계시는가?"

상당히 오래전 우리나라 문예계의 작가상에 빛나는 소설 중 신의 은총에 대해 근본적인 물음을 던졌던 책이 있었습니다. 일부 서평을 그대로 옮기자면 그 소설이 "신의 은총 안에 노예의 근성대로 순종하며 살 것이냐, 인간의 윤리, 도덕, 정의로 자유롭게 사고하며 살 것이냐라는 철학적 물음"에 기초한다는 글도 있었습니다. 하나님의 질서와 섭리를 거부하고 인간 본연의 자유한 노력에 대한 진지함을 그리고 있는 책이라고 할 수 있습니다. 그리고 세상의 이해할 수 없는 일들에 대해 신에게 그 책임을 묻습니다. 즉, 하나님에게 열납되고 싶은 마음은 같은데 왜 가인의 제사는 받지 않으셨고, 가인이 아벨을 해칠 때 그 원인 제공자가 누구이며, 그 살인의 현장에서 왜 하나님은 침묵하였는가, 따라서 그 책임은 하나님에게 있고, 하나님이 그 사건의 방조자, 어쩌면 교사자이지 않는가와 같은 물음일 것입니다.

그 책의 인물들은 그들이 볼 때 더 인간적이고 바람직한 새로운 신과 종교의 모습을 만들어내지만 결국 비극적인 살인과 여전히 풀리지 않는 물음으로 스토리를 마칩니다. 많은 문학 작품이 그렇듯 인간의 약함과 노력에 대한 연민, 다다를 수 없고 이해할 수 없는 신적 존재에 대한 갈등과 고뇌가 인간 본연의 모습으로 그려집니다. 여기서 중요한 포인트는 그 기저에 신적인 존재는 사람의 본성과는 동떨어져 있고, 인간은 신과 소통하고 이해하는 것이 불가능하다는 바탕이 깔려 있습니다. 자연재해나 재난 사고를 바라볼 때도 이 맥락으로는 그 뜻을 도저히 알 수 없거나 더 나아가 신이 인간을 저주하는 모습이 됩니다.

1장(믿음의 필요)에서 나누었던 대로 저도 복음을 믿기 전까지는 이런 모습이 지극히 인간만이 누리는 사상의 자유라고 생각했습니다. 그러나 믿음의 눈을 가진 후에 그것은 단지 진리를 찾지 못한 사람의 자기 고뇌일 뿐이고 오히려 참된 진리를 만나는 데 있어 나를 가로막고 속박하는 것이었습니다. 믿고 난 후에야 하나님의 말씀을 들음과 내 것으로의 재해석, 기도와 체험을 통한 하루하루 은혜의 생활에 참다운 자유와 평온을 가질 수 있었습니다. 하나님의 저주로부터 우리 인간의 생명, 재산, 의지와 철학을 지켜야 한다는 생각은 너무나 잘못된 생각입니다.

우리 생각에는 지구상의 재앙과 내 주변에서 일어나는 뜻밖의 사고들이 불공평하고 없어져야 할 불행이라고 생각하지만, 하나님은 더 큰 일을 위해 그것을 허락하시므로 하나님의 목적은 그와는 완전히 다른 것입니다. 믿음의 눈으로 하나님을 가깝게 느낄 수 있다면 그 일들이 감사의 제목, 이웃 사랑을 실천하는 기회가 되는 일이 되지만, 그렇지 못하면 다만 재앙이요 원망일 뿐입니다. 다른 대륙에서 기아에 시달리는 사람들이 없이 전 세계가 모두 풍족하게 살고 있다면, 지금 우리의 상황에 감사하며 그들을 돕는 사랑을 전파하고 경험할 수 있을까요? 전쟁이 없다면 우리가 이만큼 평화에 대한 갈망과 노력을 해나갈 수 있을까요? 하나님은 악이 공존하는 이 세상에 재앙과 썩어짐을 허락하셨습니다(롬 8:19-21). 그것을 통해 우리가 더 성숙하기를 원하십니다.

불과 몇 달 전의 일입니다. 항상 웃는 얼굴로 설교하시는 담임목사님이 그 주일에는 표정이 조금 어두웠습니다. 나중에 듣고 안 것은 목사님의 신학교 동기이자 친한 친구의 딸이 불의의 사고로 세상을 떠났다는 것입니다. 그 딸이 눈이 많이 오는 북부 지방에서 눈집을 짓고 놀다가 아무도 없는 상황에서 그 집이 무너져서 그만 사고를 당한 것입니다. 그 아이는 비록 어리지만 신앙이 깊었고 몸이 아플 때면 오히려 옆에서 간호해주는 부모를 위로해주었던 심성이 착한 아이였다고 합니다. 하나님은 왜 그 아름다운 생명을 그렇게나 일찍 가져가신 걸까요? 하나님이 이 사건이 일어날 때 그것을 보고 알고 계셨다면 왜 그때라도 막지 않으신 걸까요? 다른 아이도 아니고 하나님의 일을 하는 목사님의 딸을 데려가시면 하나님의 목회가 힘든 상황이 될 텐데 이것이 이해가 될 상황인가요? 그럼에도 그 목사님은 자신의 딸의 천국 환송 예배를 은혜 안에서 직접 드리셨다고 합니다. 그 마음이 어떠셨을지 가늠이 되지 않습니다. 지금 헤어짐이 슬프지만 하나님의 나라에서 다시 만날 것을 알기에 죽음에 절망하지 않고 천국을 소망하고 기대하는 사람만이 그렇게 할 수 있다고 생각합니다.

하나님의 행하심을 보면 우리가 가장 소중하다고 하는 것을 통해 말씀하실 때가 있습니다. 사업의 어려움과 극복을 통해 하나님의 은혜를 간증하는 분도 있고 질병의 치유를 찬양하거나 모든 것을 버리고 떠난 선교 현장에서 열매를 보여주기도 하십니다. 그들에게는 드라마와 같은 하나님의 스토리가 존재합니다. 자신이 가장 귀하게 여겼던 것을 영원한 하나님의 사랑으로 맞바꿉니다. 하나님은 우리가 자신의 소중한 것을 내려놓고 비울 때 거룩하고 진실된 것으로 채우기 시작합니다. 우리에게 희생을 요구하는 것이 아니라 더 좋은 것으로 주시는 과정입니다. 심지어 생명까지도 그 원리에 있는 것 같습니다. 생명을 가져가시고 그 자리에 하나님에 대한 더 깊은 신뢰와 인간의 이해를 넘어서는 사랑을 대신 둡니다. 하나님이 보시기에 사는 것과 죽는 것은 우리가 보는 것만큼 절대적인 것이 아닌 것 같습니다. 왜냐하면 하나님은 영생을 약속하셨고 믿는 자에게 그것을 이미

주셨기 때문입니다(롬 14:6-12).

그 아이와 목사님의 모습을 통해 우리는 영생을 받은 사람들의 진정한 모습을 보는 것입니다. 하나님은 유한한 이 세상과 고난을 바라보는 방법을 알려주셨고 뿐만 아니라 이기는 법을 가르쳐주셨습니다. 그것은 인간의 방식대로 가치를 매기고 그 가치에 부합한 신을 만들어내려는 사람의 욕심이 주는 허망함과 절망감과는 완전히 다른 것입니다. 욥기의 귀중함은 그가 고난 후에 이 땅의 복을 회복하게 되었기 때문이 아니라 하나님에 대한 절대적인 신뢰를 통해 정금과 같은 성숙과 승리의 삶을 이루어냈기 때문입니다.[2]

---

2 생명과 고난에 대한 깊은 묵상을 위해 존 크레이풀 목사님(Rev. John Claypool)의 "Life is Gift" 설교를 권해드립니다.

1

믿는 사람에게도 고난은 옵니다. 크리스천이 바라보는 고난은 믿지 않는 사람들의 고난과 어떻게 다를까요? 믿음을 통해 다르게 바라보고 행동했던 경험이 있습니까?

2

지금 당신이 힘들어하고 고민하는 어려움이 있습니까? 그 어려움은 당신이 저지른 잘못과 죄 때문입니까? 아니면 당신을 연단하고 성장시키기 위한 것입니까?

3

누구에게나 고난이 다가올 수 있는 인생임을 안다면, 있을지 모를 그때를 대비해서 지금 당신이 준비할 것이 있을까요?

동성애자(LGBT)인 것은 죄인가,
그들은 하나님을 믿을 수 없는가

이곳 포틀랜드의 다운타운에는 집 없이 생활하는 분들이 많습니다. 노숙자가 많기로는 밴쿠버가 유명한 것 같습니다만 그곳과 기후가 비슷한 미국 북서부 시애틀이나 포틀랜드도 그런 분들에게 인기가 있나봅니다. 주말마다 교회 분들과 다운타운으로 이 분들을 찾아가 간단한 음식과 생필품을 드리는 일을 하고 있는데, 중학교를 다니는 서연이도 자진해서 따라다니고 있습니다. 무언가를 제공받는 그들보다 제공해드리는 사람들의 마음이 더 좋아지는 것 같습니다.

저는 무엇보다 오며 가며 딸과 대화하는 시간이 참 좋습니다. 얼마 전 운전석 옆자리에 앉은 서연이가 문득 이런 질문을 했습니다.

"Daddy, is being a gay a sin?"

이 나이대의 아이들이 종종 하는 질문이라고 들었습니다. 어떻게 말해줄까 생각하며 잠시 숨을 고르고 있는데 아이가 다시 물었습니다.

"Are they allowed to come to church and believe in Jesus?"

생각이 조금 더 복잡해졌습니다. 말을 이어가려고 하는데 딸이 약간 서툰 한국말로 이렇게 덧붙였습니다.

"아, 아빠. 이거는 내가 물어보는 게 아니고, 다른 애들이 나한테 이렇게 물어봤어."

혹시 자기가 이런 고민을 하고 있는 게 아닌가 하는 생각에 제가 놀랐을까 봐 배려해서 한 말이었던 것 같습니다. 아마 리버럴하기로 소문난 포틀랜드에서 생각 많은 중학교 2학년을 보내고 있는 우리 아이의 친구들 사이에서 나온 말이겠지요.

이와 같은 질문과 관련해서 성적 소수자들의 인권 차별의 문제와 또는 이와는 반대로 믿는 자들에 대한 역차별의 문제로 정치적으로도 많은 논란이 있기도 합니다. 그래서 제일 먼저 드는 생각은 이 질문을 한 사람의 의도가 어떤 것일까 하는 것이었습니다. 즉, 이 질문이 진정으로 개인적으로 자신이 이 사안에 대해 고민하고 궁금해서 하는 질문인지, 아니면 특히 크리스천적인, 혹은 혹자가 말하는 기독교 근본주의자의 사고를 가진 사람들에게 도전하고 시험하려는 질문인지를 알 필요가 있겠다는 생각을 했습니다. 보통 딸과 대화할 때는 한국말을 씁니다만 중요한 일에 대해서는 딸이 잘 알아들을 수 있게 영어로 말해주곤 하는데 그날도 그렇게 대화가 시작되었습니다.

"음, 먼저 그 질문을 하는 사람이 그 질문을 순전한 의도를 가지고 했는지 잘 볼 필요가 있어. 예전에 예수님도 바리새인들한테 의도가 악한 질문을 받은 적이 있었어. 그 사람들은 예수님이 어떻게 말하는지 보려고 그 당시 로마 황제 시저에게 세금을 내야 하느냐, 내지 말아야 하느냐를 물어본 적이 있지. 그들은 그 질문 자체가 궁금해서라기보다는 만일 예수님이 세금을 내야 한다고 하면 하나님의 아들이라 하는 자가 땅 위의 왕에게 굴복한다 하여 트집을 잡을 것이고,

세금이 중요하지 않다고 하면 국가에 고소할 생각이었거든.

오늘 네가 물어본 질문도 만약 질문한 사람이 위선적인 의도를 가진 것이라면 네가 그것이 죄라고 할 때 꽉 막힌 기독교적 차별주의자라고 할 것이고, 죄가 아니라고 하면 네가 크리스천이 아닌 거냐고 오히려 무시할지도 모르지. 동성애가 죄인지를 얘기하기 전에 먼저 그렇게 나쁜 의도를 가지고 사람을 정죄하고 특히 믿음을 조롱하는 것은 명백한 죄야. 예수님도 바리새인들에게 많이 꾸중하셨지."

서연이는 잠자코 계속 듣고 있었습니다.

"아무튼 그 바리새인들의 질문에 예수님은 시저의 얼굴이 새겨진 동전을 가져오라 하시고 그것을 보며 이렇게 대답하셨어. '가이사의 것은 가이사에게 하나님의 것은 하나님에게.' 즉, 그 두 가지는 비교할 대상이 아니라는 거야. 시저는 그때 권력을 가진 왕이었고 그 권위에 대해서 그가 정해놓은 세금 규칙을 따르면 된다는 것이지. 하나님의 것이란 돈보다 훨씬 가치 있는 하나님에 대한 믿음, 순종, 기도 그리고 이웃 사랑과 같은 궁극적인 것을 말하는 것이고. 바리새인들은 그런 쪽으로 생각을 못하고 단지 규칙과 논리만을 따지며 더군다나 사악한 의도를 가지고 그 질문을 했던 거지."

앞만 보며 앉아 있던 아이는 언제부턴가 운전 중인 저를 바라보고 있었습니다. 아이의 표정이 약간 심각해졌습니다.

"어쨌든 처음 질문에 대한 아빠의 대답이 궁금하겠지. 그래, 이런 악한 의도의 가능성에 대해 지금까지 생각해봤다면 이제는 그 질문 자체의 답에 대해 생각해보자. 그런데 먼저 물어볼 게 있어. 동성애가 죄라고 한들, 혹은 죄가 아니라고 한들 그들에게 무슨 유익과 변화가 있을까? 죄라고 말하면 '아, 크리스천들이 이게 죄라고 하니까 이러면 안 되겠다'고 할까? 또 죄가 아니라고 하면 '그래. 이 사람들이 죄가 아니라고 하니까 이제 내 고민이 말끔히 사라졌어'라고 할까? 아빠는 별로 안 그럴 거 같은데? 이 대답들이 그들에게 무슨 의미가 있을까? 그런데 동성애가 죄인지 아닌지의 여부보다 더 궁극적인 질문이 있어. 만일 더 중요한 것이 있다면 그 대답이 원래 질문과 대답을 오버라이드(Override) 하겠지. 그것은 그것이 옳고 그르냐를 떠나 하나님은 그가 어떤 행위와 생각을 해온 사람이든지 그 사람의 현재 '믿음'을 중요하게 여긴다는 거야.

웬 믿음이냐구? 예컨대 '원수를 사랑하라'는 말이 옳은지 그른지에 대해서 사람들은 맞다고 할 수도 있고 아니라고 할 수도 있지. 예수님의 그 말씀을 정확히 이해하고 받아들이기 위해서는 논쟁이나 논리가 아니라 예수님에 대한 믿음이 필요해. 믿음은 궁극적인 해답을 알려줄 하나님에게로 향하는 열쇠인 거야. 그러므로 그들이 동성애자가 죄인지 알기 위해서는 그들이 믿음의 눈으로 그것을 보아야 하기 때문에, 사실은 두 번째 질문 '그들이 교회에 나올 수 있는가?' 즉, '그래서 그들은 믿음을 가질 수 있는가?'라는 질문이 어쩌면 더 중요한 질문일지도 모른다는 거야. 그리고 그 대답은 '물론이지!'야."

물론이라는 말을 좀 크게 소리쳤나봅니다. 아이의 눈이 동그래졌습니다.

"살인을 했더라도 예수님 옆에서 믿음을 고백한 흉악한 범죄자도 용서받는 데 아무 장애가 되지 않았어. 그러니 동성애가 죄인지 묻기 전에 하나님과 대화하는 것이 중요해. 동성애 때문에 하나님을 두려워하거나 미워하게 되어 멀리한다면 그 불신앙이 죄가 될 거야. 그러지 않고 담대하게 하나님께 나아와서 믿음을 고백할 때 하나님은 그 고민에 대해 일대일로 대화하실 거고 그 사람이 진정으로 믿어서 순종할 준비가 되어 있다면 그 사람은 예수님의 사랑과 능력으로 가장 좋은 모습으로 변화될 거야. 하나님은 죄를 싫어하고 우리도 그러길 바라는데 결국 그 하나님의 공의가 하는 일은 우리를 처벌하는 것이 아니라 죄를 분별해서 사랑과 구원으로 오게 하기 위한 거야."

그리고 한마디로 정리해주었습니다.

"그러니 아빠의 대답은 이거야. 하나님이 보시기에 그것이 죄인지 아닌지를 알고자 한다면 먼저 교회에 나오고 하나님을 만나고 믿어야 해. 그러면 하나님은 그 답을 주실 것이고 그뿐만 아니라 그들을 가장 아름다운 모습으로 만들어주실 거야."

잠시 정적이 흘렀고 아이가 환하게 웃으며 말했습니다.

"Wow, that makes sense."

저는 이 대화를 통해 율법적인 것보다 먼저 하나님의 사랑의 관점에서 얘기하고 싶었습니다. 그리고 우리 아이가 그것을 이해하고 난 다음 성경의 원리대로 그 죄성을 명확히 말해주었습니다(창 19:4-7 ; 레 18:22, 20:13 ; 롬 1:26-27 ; 고전 6:9 ; 딤전 1:10 등). 제 삶을 되돌아보더라도 하나님은 저에게 문제의 출제와 더불어 답안지를 주시는 분이 아니었습니다. 그보다는 주어진 문제를 하나님의 학교에서 하나님과 함께 앉아 깊이 대화하며 함께 울고 웃으며 풀기를 원하셨습니다. 그리고 단지 나의 답안 때문에 기뻐하시는 것이 아니라 그 과정 가운데 '변화'와 '성장'으로 기뻐하심을 느꼈습니다. 제가 붙들고 놓지 못해 앓고 있는 그 문제를 훨씬 뛰어넘어서 제 회복과 행복을 이루려는 분이 그분입니다.

위와 같은 동성애에 대한 질문도 마찬가지일 것입니다. 우리는 타인을 판단하고 정죄할 필요가 없고 그래서도 안 됩니다. 사실 우리는 그렇게 하기 위해 만들어진 존재가 아닙니다. 우리도 죄인이므로 다른 죄인을 손가락질할 수가 없습니다. 다만 첫째로 하나님을 사랑하고, 둘째로 하나님과 이웃과의 관계를 사랑으로 이루어 그들이 하나님의 백성으로 나아올 수 있도록 복음을 전파하라고 하신 것이 하나님의 말씀입니다.

하나님의 공의는 그 사랑을 알게 하고 구별하게 하는 능력입니다. 공의를 오해하여 나를 공격하고 벌주는 것으로 알고 하나님을 거부하고 피하고 항변하는 것은 마치 죄를 짓고 하나님의 얼굴을 피하여 숨었던 아담과 하와의 죄성과 닮았습니다. 단지 그분의 공의와 사랑의 원리에 전적으로 우리의 모든 것을 맡기면 되는 것입니다.

1

하나님을 믿으면 죄에 대해 민감하고 분별할 수 있는 지혜가 생기게 됩니다. 그런데 우리가 죄를 분별해야 하지만 죄지은 자를 정죄해서는 안 되는 이유는 무엇입니까?

2

하나님은 죄를 싫어하십니다. 그러나 설령 이미 죄를 지었더라도 그 모습 그대로 하나님에게 나아와야 하는 이유는 무엇일까요?

3

사회적으로 화두가 되는 윤리적 문제들이 있습니다. 믿는 사람으로서 그것들을 바라보는 태도는 어떠해야 합니까? 그것들을 죄로 보느냐 마느냐, 어느 정도까지가 죄이고 아니냐와 같은 흔한 토론 주제보다 더 중요한 것이 있을까요?

4장

사랑과 구원

하나님이 나를 사랑한다면, 왜 내가 바라는 것을 이루어주지 않으시는가

하나님의 사랑에 대한 이야기를 할 시간입니다. 저는 이 책을 통해 하나님의 사랑에 대한 증인 되는 사람으로서 담담히 지금까지의 제 삶과 믿음에 비추어 말하기를 원합니다. 어쩌면 공의보다 더 우리에게 직접적인 영향을 미치는 것이 사랑일 것입니다. 왜냐하면 그 사랑으로 완전하지 않은 우리가 용서받고 구원받을 수 있었기 때문입니다. 이제 제가 아는 그의 사랑에 대해 나누어볼까 합니다.

하나님은 인격체이십니다. 하나님의 사랑은 그의 공의에 어긋나지 않는 모든 상황에서 적용됩니다. 그렇습니다. 그분의 공의에 벗어나지 않아야 합니다. 하나님의 사랑은 그런 면에서 사실 조건적입니다. 하나님이 싫어하시는 악한 것이 바로 공의에 반하는 것인데, 그것은 예수님의 이야기에서도 짧지만 강하게 나타나 있습니다. 마태복음에 보면 예수님이 격노하는 장면이 나옵니다. 성전에서 돈을 바꾸고 새를 팔던 자리에서 가판대를 뒤집으며 그들에게 소리치는 상황인데, 선하고 의로운 예수님께서 이렇게 감정적인 모습을 보이신 것은 그의 사랑과 긍휼이 무조건적인 것은 아니라는 것을 알려줍니다. 예수님은 그들에게 따뜻하게 "얼마나 궁했으면 이런 곳에서까지 이렇게 장사를 하겠어요. 이해합니다. 당신들의 친구들까지 모두 와서 여기서 장사를 하시지요"라고 맹목적인 사랑을 베풀지 않았습니다. 대신 혈기 왕성한 30대 초반 남성처럼 주님은 채찍을 휘두르며 사람들을 다 내쫓아버렸습니다. 사람을 해친 범죄자도, 민족의 반역자 소리를 들으며 혈세를 취했던 세리들도 그를 통해 구원을 얻었지만 그날 성전의 장사꾼들은 그러지 못했습니다. 성경에 나와 있지는 않지만 만약 그들이 그 후에 예수님을 다시 찾아와 "당신의 말씀과 당신이 하나님의 아들임을 진심으로 믿습니다"라고 했다면 모를 일이지만 말입니다.

'하나님에게 나는 이렇게 죄 속에서 살 테니 사랑이 많다는 하나님 당신은 제 모습을 그냥 받아들이세요'라는 생각은 아무 가치가 없습니다. 예쁜 내 아이라도 하지 말라는 것을 골라 하는 것을 보고 부모가 지적할 때 만약 아이가 '아빠의 사랑은 조건적이야'라고 한다면 어떤 생각이 들까요? 애인이 다른 사람을 만나고 다니는 것을 보고 그건 옳지 못하다고 할 때 '나를 사랑한다면서 내 모습 그대로 좋아해주면 안 되나?'라고 하면 어떨까요? 다시 말씀드리지만 그분은 현금 인출기 같은 기계가 아니고 인격체이십니다. 당신의 입맛대로 당신의 기복으로 만들어 놓은 하나님이 아닙니다. 우리의 소원대로 우리의 필요대로 만들어 놓은 대상이 아닙니다. 그런 것을 '우상'이라고 합니다. 사람들에게 인기가 있으면 하루아침에 스타가 되고 오래가지 않아 흥미가 떨어져 외면받는 것이 우상의 특징입니다. 돈과 명예처럼 끝없는 갈증과 욕망을 주는 것도 있지요. 그 시각으로 하나님을 보아서는 안 될 것입니다. 그는 당신과 인격적으로 대화하기를 원하시는 분입니다.

오히려 그분이 우리에게 우리가 스스로 생각할 수 없는 사랑을 부탁하고 명령하시기도 합니다. 그것이 그의 공의이자 사랑이라면 그렇습니다. 제가 유학생활을 끝내고 처음으로 취직하여 애리조나주 피닉스에 정착하고 막 신혼살림을 시작했을 때였습니다. 우리 내외는 주위 분들이 보시기에 잘 웃고 인사도 잘해서 나름 인상 좋은 젊은이라는 소리를 들었지만 저희도 신혼 초 부부싸움을 했습니다. 지금은 무슨 일이었는지 생각나지 않는 이유 때문에 어느 날 둘이 싸우고 난 뒤에 - 사실 일방적으로 제가 야단을 맞은 것 같습니다만 - 무거운 마음으로 출근해서 자리에 앉았습니다.

저는 첫 직장에서 반도체 공장의 이송 로봇과 공정 설비의 자동 계획 알고리즘을 개발하던 부서에 있었습니다. 연구 개발 쪽이다보니 보통은 각자 조용히 업무를 보는 편이었습니다. 고요한 사무실에 앉아 그날 있었던 일을 곱씹어보니 매우 괴로웠습니다. 아무 결론도 떠오르지 않아 그동안 싸웠을 때 한 번도 하지 않던 기도를 해봐야겠다는 생각이 들었습니다. 기도를 시작했습니다. 기도는 거룩한 척하는 것이 아니고 하나님께 털어놓는 것이라는 설교 말씀이 떠올랐습니다.

'주님, 절 사랑하시지요? 그럼 오늘 있었던 일도 아시지요? 제 억울함도 아실 겁니다. 저에게 지혜를 주세요. 앞으로 어떻게 이 사람과 잘 살 수 있을까요?'

어느 정도 시간이 지나도록 눈을 감고 있자니 한숨이 나왔습니다. 다시 원망의 기도를 했습니다.

'저에게 이 사람을 기도 응답으로 주셨잖아요. 이러려고 저한테 보내신 건가요? 사랑하라고 하셨던 것 압니다. 제가 항상 이렇게 억울하게 당하면서 살아야 하나요?'

그날은 더 솔직히 기도했던 것 같습니다. 그때 저에게 낯선 생각이 떠올랐습니다.

'그래. 내가 네게 그를 보냈다. 너는 억울하고 힘들어도 그를 무조건 사랑하라.'

음성 같은 것은 아니었던 것 같지만 그 메시지가 분명 내 안에 떠올랐습니다. 좀 놀랐습니다. 그 순간 그 심정에서 내가 생각할 수 있는 말이 전혀 아니었기 때문입니다. 오히려 화가 더 치밀어 올랐습니다.

'왜죠? 제가 왜 그래야 되지요? 하나님은 저를 희생시켜서 그 사람을 사랑할 만큼 저보다 그 사람을 더 사랑하십니까? 저는 할 만큼 했지만 제가 받은 것은 뭐지요?'

그때 바로 내 안에 다시 말이 떠올랐습니다.

'너는 그에게 아무것도 바라지 마라. 네가 받을 것은 내가 줄 것이다.'

내 안에 있던 생각이 아닌, 다른 곳에서 온 것임에 틀림없는 메시지였습니다. 보통 부부간에 사랑하라고 하는 말의 의미는 서로 양보하고 50 대 50의 노력을 해야 한다는 의미일 것이므로 내가 무엇인가 해주면 그쪽에서도 무엇인가를 해줘야 좋은 부부관계가 유지된다고 생각했습니다. 저는 더 양보해서 남자로서 통 크게 80 대 20이어도 좋다고 생각했습니다. 그러나 하나님은 100 대 0을 말씀하십니다. 그러나 0이 사실은 0이 아니고 또 다른 100이 되는 길을 보여주셨습니다. 그 100은 하나님께로부터 오는 축복일 것이라고 생각했습니다. 그렇다면 내가 받는 것은 어쩌면 100 이상일지도 모릅니다. 내가 하나님의 뜻대로 전적으로 아내를 사랑하면 섭섭함이 있을 때를 기억하시고 하나님이 내게 보답하신다고 했으니 그 말을 믿어보기로 했습니다.

마음이 누그러졌습니다. 눈을 떴습니다. 그리고 회사 노트북을 열어서 지금 했던 기도의 내용을 잊지 않기 위해 써내려갔습니다. 혹시 이 기도 응답의 체험이 정말 하나님의 메시지였는지, 아니면 내 안에 거하시는 성령님의 음성이었는지, 그도 아니면 단지 그간 제가 들어온 하나님의 말씀들 때문에 나타난 저와 연관된 생각이었는지가 궁금하신가요? 많은 사람들이 하나님의 메시지의 경로에 대해 그것을 신비주의로만 보고 호기심으로 접근하는데, 그것은 핵심을 놓치는 일이며 또한 그리 중요한 것이 아닙니다. 하나님의 사랑의 방식대로 결국 우리의 생각과 행동이 변화되었다는 것이 중요합니다. 하나님이 바라시는 것은 그 신비의 경로 자체를 탐구하는 것보다 그의 사랑의 의미와 열매를 바로 알고 적용하기를 원하시기 때문입니다.

그 뒤로도 의견 충돌이 있었습니다. 그럴 때마다 분명 바뀐 점은 그것이 감정적인 소모가 아니라 의사소통을 통해 어떻게 하면 아내가 나와 행복하게 살 수 있는지 알아가는 과정이 되었습니다. 100퍼센트 사랑하자는 생각으로 대하니 아내도 제 마음을 천천히 알아가는 것 같았습니다. 아내와 다투고 마음이 상할 때면 건너편 방에 가서 기도를 했습니다. 아내의 마음을 평온하게 해주시고 다시 그 사람이 행복하게 해달라고, 제가 잘못한 것을 되짚어 하나님께 내어놓고 제가 더 성숙하게 해주시고, 그를 전심으로 사랑할 수 있게 해달라고 기도했습니다.

그러던 어느 교회 소그룹 모임 날이었습니다. 아내가 기도 제목과 나눔 시간에 이런 말을 했습니다.

"저는 남편과 살면서 싸우고 나서 화가 나다가도 제 마음에 그를 이해하게 되는 뜻밖의 생각이 떠오를 때가 생겼어요. 남편에게 그 얘기를 들려주면 신기하게도 그때가 그 사람이 다른 방에서 저를 위해 기도하던 시간이었다는 거에요. 그래서 남편과 하나님께 감사해요."

저는 이 말이 하나님의 보답 같았습니다. 사실 저는 하나님께서 저에게 주실 것이라고 하신 말씀을 나중에 천국에 가서 상급으로 주시겠다는 것으로 생각했습니다. 그런데 지금 이 순간 이곳에서 그 보답을 주시니 참 감사한 일이었습니다. 그렇다면 이곳이 이미 천국이 아닐까 하는 생각도 했습니다. 결혼 15주년이 지난 요즘에는 아내와 함께 믿음과 영적인 관점에 대해 많은 생각을 나눕니다. 아내도 우리의 관계를 위해 많은 노력을 해왔고 하나님께 기도하며 그때마다 주시는 말씀을 통해 성숙해가며 저를 전심으로 사랑하고 있다는 것을 알고 있습니다.

하나님의 성품을 알고 신뢰하면 하나님이 즐겁게 들어주시는 기도가 무엇인지를 알게 되는 것 같습니다. 성전의 장사꾼같이 예수님이 화를 내실 내용의 기도나 행동은 결코 응답될 수 없습니다. 하나님과의 대화를 통해 그분의 의를 따르는 기도가 응답될 것입니다. 그날에 제가 만일 아내가 밉다고 해서 '제발 아내가 바뀌도록 도와주세요'라고 했다면 그 기도를 들어주셨을지 잘 모르겠습니다. 그 기도는 그 사람의 성숙을 위한 것이라기보다 나를 힘들게 하는 것에 대한 인간적인 원망에 가까운 것이기 때문입니다.

또한 기도의 응답에는 때가 있습니다. 인내하는 가운데 때가 이르면 응답을 주시기도 하고, 그 과정에서 나를 더 성장시켜 원래 원했던 것이 아닌 다른 방향으로의 성숙을 만들어 가시기도 합니다. 특히 부부는 오랜 시간을 함께할 사람들입니다. 금방 바닥나버리고 말 별다를 것 없는 내 인격을 가지고 스스로 하는 노력이 아니라 하나님의 뛰어넘는 사랑이 필요합니다. 그분과 가깝게 붙어 있을 때 생기는 '오래참음'이라는 성령의 열매가 필요한 부분입니다.

결혼한 지 몇 달도 채 되지 않았을 때 아내의 한 친구가 아내에게 "한 사람과 어떻게 10년 20년을 살아? 몇 달만 지나고 사귀다보면 시들해지는데"라고 물었다고 합니다. 저와 6살 차이가 나는 아내가 그 친구들 중 가장 먼저 결혼을 했고 그들이 아직 20대 초반으로 결혼 자체를 신기하게 생각하던 때였을 것입니다. 아내는 대답했다고 합니다.

"20대, 30대, 40대 때 서로 달라질 텐데 같은 사람이 아니지. 오랜 시간 서로 함께 성숙해가는 모습을 보면서 사니 얼마나 좋겠니."

이 말에 저는 동감합니다. 두 사람이 바라보고 있는 하나님의 사랑은 변함이 없으므로 그들이 그 안에 거한다면 그밖에 모든 것이 변해도 언제나 하나의 모습일 거라고 생각합니다. 부부관계를 예로 이 단락을 풀었습니다만 당신이 답답해하고 마음에 걸려 넘지 못하는 부분이 사업이든, 학업이든, 자녀이든, 그 무엇이든지 이와 비슷한 하나님 사랑의 원리가 적용될 수 있지 않을까요? 하나님의 성품으로 그 문제를 이해하고, 나의 요구가 아닌 그분의 말씀을 듣기 위해 다시 조용히 기도해보면 어떻겠습니까.

1

소원하는 것을 기도하였지만 이루어지지 않은 것들이 있습니까? 그 이유
가 무엇일까요? 거기서 당신이 느끼고 배운 것이 있었습니까?

2

이전에 내가 생각하고 느끼지 못했던 것을 기도나 말씀을 통해 깨닫게 된
것이 있다면 나누어보기 원합니다. 그것이 내 안에서 오는 메시지입니까.
아니면 밖으로부터 오는 배움이나 지혜였습니까?

3

사랑하는 사람이 있습니까? 그 사람과의 관계적인 축복을 위해 당신이 할
수 있는 기도는 무엇일까요?

남에게 피해 주지 않고 선행하면 좋은 삶이고
구원받을 인생 아닌가

착하게 사는 주위의 분들을 싫어하는 사람은 없을 것 같습니다. 정도의 차이는 있을지 모르지만 누구에게나 선한 마음은 있고 할 수만 있다면 그렇게 살고 싶어 합니다. 힘들게 모은 재산을 장학재단에 기부하고 대가 없이 재능을 나누는 것과 같은 선행을 하면 마음이 넉넉한 삶이 됩니다. 그로 인해 감사해하는 사람들이나 나아진 상황을 보면 수고가 보답받는 것처럼 뿌듯하고 보람이 생깁니다. 그렇습니다. 말 그대로 선하고 좋은 삶이 됩니다.

그런데 하나님의 구원은 이와는 다른 각도의 이야기입니다. 주(主)의 이름을 부르는 자는 구원을 얻는다고 하였습니다(롬 10:13). 주의 이름을 부른다는 의미는 믿음을 갖는다는 의미겠지요(롬 10:14 전반). 믿음은 들음에서 난다고 또한 말하고 있습니다(롬 10:14 중반). 혹시 이 흐름 안에서 선행이라는 부분이 보이십니까? 선행으로는 구원에 이를 수 없지만 구원에 이른 사람들이 감사와 사랑의 마음으로 선행을 베풀 수 있는 것은 사실입니다. 이렇듯 선후 구조가 다른 것을 볼 수 있는데 그러면 왜 인간의 선행만으로는 구원에 이를 수 없다는 것입니까?

최근 뉴스에 또 하나의 끔찍한 사건에 대한 기사가 있었습니다. 범행을 저지른 사람은 아파트에 방화를 하고 집에서 뛰쳐나오는 사람들, 그것도 어리고 약한 사람들을 중심으로 흉기를 휘둘렀습니다. 그는 정신적인 병력이 있기는 하지만 40년 넘게 여러 사회생활을 하던 사람이었습니다. 기자들이 경찰에 압송되는 그에게 심정을 물었습니다. 그들에게 미안하다는 표현도 하였지만 그는 주위 사람들과 정부를 탓하며 의외의 궤변을 했습니다.

"학창 시절 괴롭힘 당하는 친구들을 위해 싸우기도 하고 약한 친구와 어울려 지냈다. 실직 이후 폐지 줍는 노인들에게 간식도 나눠줬다."

그가 한 이 단편적인 선행들이 사실이라 해도 그것이 그가 한 죄악을 덮을 수 있다고 생각하는 분은 없을 것입니다. 선행을 했든지 안 했든지 악행에 대한 책임은 반드시 물어야 합니다. 이렇게 극악무도한 범죄를 저지른 사람은 극소수라 하더라도, 저를 포함해서 우리도 크고 작은 죄에서 자유로울 수 없습니다. 우리의 경미한 법규 위반 정도는 감출 수 있을지 모릅니다. 마음의 죄도 남들이 눈치채지 않게 숨길 수 있을지 모릅니다. 그러나 하나님 앞에서는, 그리고 나 자신의 양심 앞에서는 누군가를 증오하고 욕하고 정죄하며 해치는 죄에 대해 자유로울 수 없습니다. 저도 지난날 믿는 자들을 조롱하고 무시했던 악한 마음에 대해 죄가 많습니다. 우리의 선행으로는 그것을 덮을 수가 없습니다. 마치 더러운 물에 깨끗한 물을 섞은들 그것이 조금 덜 더러운 물일 수는 있어도 깨끗한 물은 아니듯이 말입니다.

하나님의 공의와 선의 기준은 죄이냐 아니냐로 나뉠 뿐 큰 죄냐 작은 죄냐로 나뉘는 것이 아닙니다. 하늘 높이 비행기에서 바라본 일층집과 이층집이 차이 나 보이지 않듯 말입니다.

그러므로 죄 있는 자의 몸으로 하는 어떤 일도 우리의 죄를 스스로 완전히 깨끗하게 할 수 없으므로 절대 선이신 하나님의 기준에 맞지 않습니다. 다른 사람이 당신을 가리켜 참 선한 사람이라고 해도 당신은 자신의 양심에 비추어볼 때 알 것입니다. 인간이 얼마나 부족한 존재인지를 말입니다. 반대로 다른 사람이 당신은 죄가 많다고 하더라도 '이 정도면 착한 사람이지'라고 할 사람도 있을 것입니다. 따라서 이러한 인간의 시각을 가지고 스스로 용서하고 구원하고자 하는 것은 자신을 속이는 자의 자기 합리화와 같은 것이 될 것입니다. 임종의 경험이 많은 목사님들이 공통적으로 말씀하시는 것은 죽음을 앞둔 많은 분들의 공통적인 고백이 과거와 현재의 모든 것, 심지어 가족을 포함한 그 모든 것을 뒤로하고 다만 하나님과 그 자신만 남아 마지막을 맞이하게 된다는 것입니다. 이 상황에서 생전에 타인의 평가나 스스로의 위안이 어떤 역할을 할 수 있을까요.

이제 팔순을 넘기신 저희 아버지도 몇 년 전 믿음을 갖게 되시기 이전에, 구원에 있어서 한계를 지닌 선행에 대한 생각을 하셨던 것 같습니다. 제가 유학과 결혼 그리고 미국에서의 회사생활로 멀리 떨어져 있던 것이 10년이 넘었고, 수년간 부모님의 구원을 위해 기도하던 저희 내외가 한국에 갔을 때였습니다. 오랜 시간 타국에 나가 있어 언제나 부모님께 죄송스러운 마음을 가지고 있었지만 가장 안타까운 것은 부모님이 아직 믿음을 갖지 못하신 부분이었습니다. 아버지는 젊었을 때 군대에서 성경을 읽기도 하셨다고 말씀하신 기억도 있고 항상 책을 좋아하시는 분이어서 복음에 대해 차근차근 말씀을 드리면 이번 기회에 좋은 일이 있지 않을까 기대했습니다.

한여름의 천마산 자락 남양주의 햇살이 뜨거웠습니다. 아버지가 좋아하시는 오리 전골을 사드리기 위해 근처 식당을 찾았습니다. 그날은 제가 아버지께 하나님에 대한 얘기를 말씀드려야겠다 생각했으므로 어느 시점과 어떤 내용으로 운을 떼면 좋을지 살피면서 아버지와 이런저런 이야기를 하던 때였습니다. 제가 아주 조심스럽게 천국에 대한 얘기를 시작했습니다.

"아버지, 제가 요즘 교회에 나가고 있는 것 아시지요? 그래서 말씀인데요, 나중에 천국 가시려면 예수님을 믿으셔야 합니다. 교회에 나가보시겠어요?"

제가 봐도 좀 직접적인 접근이었습니다만 부자끼리 이 정도로 터놓고 얘기하는 것은 괜찮을 거라고 생각했습니다. 그런데 아버지가 드시던 수저를 잠시 멈추더니 말씀하셨습니다.

"그래, 너는 천국에 가냐?"

아버지의 입에서 천국이라는 말이 나오는 것이 생소했습니다만 좋은 시작이라 생각하고 힘을 내서 말했습니다.

"네, 그럼요, 아버지. 저는 예수님 믿고 천국에 갑니다."

아버지가 제 두 눈을 바라보셨습니다. 그리고는 아주 큰 소리로 뜻밖의 말씀을 하였습니다.

"건방진 놈!"

어찌나 소리가 컸던지 뒤편 테이블의 사람들이 뒤돌아볼 정도였습니다. 저는 소리가 컸던 것보다 평생에 아버지께서 저에게 '놈' 소리하는 것을 들은 적이 처음이어서 놀랐습니다. 아버지는 평생을 철도청 공무원 말단으로 시작하시어 역장까지 맡으실 정도로 강직하고 곧게 일생을 사신 분이십니다. 열차에 치이어 사망한 시신까지 다른 직원들이 머뭇거릴 때 손수 수습하실 정도로 책임감이 강하시고 어떤 분에게 나쁜 소리 탓하는 소리를 들어본 적도 없습니다. 지금껏 살면서 제 기억으로는 아버지가 그 말에 가장 크게 반대하신 셈입니다. 제가 당황하고 있을 때 아버지가 말씀을 이어가셨습니다.

"이 세상에 천국에 갈 만한 사람은 아마 교황이나 추기경 정도나 될까, 네 스스로 얼마나 착하다고 생각하면 천국에 간다고 하는 거냐? 사람이 겸손해야 한다."

아버지는 제가 어렸을 때 살던 단독 주택의 옆집에서 넘어온 가지에 달린 대추를 사촌들과 함께 따 먹었다는 이유로 종아리를 심하게 때리실 정도로 정직하고 겸손한 삶을 항상 강조하셨습니다. 공부하라는 말을 하신 기억은 없어도 예의범절과 도리를 알고 살라는 말씀을 항상 하시던 분이셨습니다.

"네 아버지, 알겠습니다. 그 부분은 나중에 또 말씀드리겠습니다."

제 마음에 그래도 한 가지 희망은 놓지 않았습니다. 왜냐하면 아버지가 '천국'이라는 것에 대해 막내아들이 이야기했다는 사실과 그 부분에 대해 결론이 어떻든 한 번쯤 생각을 하게 되셨다는 것 자체가 의미가 있기 때문입니다. 설령 그날 제가 아버지에게 더 심한 말을 들었어도 저는 기뻤을 것입니다. 믿음의 시각이 아니면 충분히 말씀하실 수 있는, 세상의 눈으로는 지극히 정상적이고 겸손함을 강조하시는 꾸짖음이었으니까요. 이것이 선행에 대한 세상의 생각들입니다. 선한 일을 하는 것은 좋은 삶을 이루기 위해 필요하지만, 구원의 문제에 관한 한 특별한 기준 없이 대단한 선행으로도 들어가기 힘든 곳 정도로 여겨지는 것 같습니다.

선행을 많이 해야 구원에 이르는 것이 아닌 것은 설령 과거에 악행을 했더라도 믿음을 통해 용서와 의롭다 함을 받는 경우를 통해 대조를 이루어 말씀드릴 수도 있을 것입니다. 성경에서는 예수님이 다윗의 자손이라고 합니다. 다윗은 유명한 골리앗과의 대결에서와 같이 믿음으로 서서 하나님을 대적하는 적에 대한 거룩한 분노로 큰 일을 이룬 일화를 가진 당대 최고의 왕이라 할 수 있습니다. 그랬던 그도 악의 유혹 앞에서는 간음과 살인, 즉 죽음에 이를 줄 뻔히 아는 전투에 흠모했던 여인의 남편을 앞장서게 함으로써 살인 교사와 다를 바 없는 미필적 고의에 의한 중범죄를 저질렀습니다.

몇 년 전 저희 집에 페인트 공사를 하러 온 하청업자 분에게 하나님의 말씀을 전하기 위해 성경 얘기를 들려드렸더니 자신은 성경을 읽다가 이 다윗의 범죄 부분에서 성경을 덮었다고 하더군요. 어떻게 성스러워야 할 성경에 이런 추악한 범죄가 나오며 그 인물이 예수님의 조상이고, 이율배반적이게도 그가 하나님을 찬양하는 시편을 쓸 수 있느냐는 겁니다. 그렇습니다. 다윗은 그 권세가 아무리 대단했더라도, 선한 정치와 행위가 있었을지라도 이러한 사실 관계에 있어 죄인입니다. 지금으로 보면 탄핵은 물론 사법 처리 대상이겠지요. 그런데 성경은 예수님을 다윗의 자손이라 말하고 있습니다. 다윗뿐입니까? 아브라함도, 야곱도, 솔로몬도 그렇듯 성경에서 의롭다 여겨진 인물들조차 사실 흠 없는 사람이 별로 없습니다.

그 이유는 간단하고 강력합니다. 하나님을 믿고 다시 회개하여 죄 사함을 받은 것인지가 핵심입니다. 하나님의 구원은 행위에 있지 않습니다. 그렇다고 아무나 받는 무조건적인 것도 아닙니다. 모두가 죄인이기에 예수님을 통하여 회개하여 의롭다 함과 구원을 얻어야 합니다. 그리하면 그 이후에 하나님의 사랑과 그에 대한 감사를 가지고 살게 되는데 그것이 바로 믿는 자의 궁극적인 선행의 삶일 것입니다. 여기서 또한 잊지 말 것은, 믿음으로 하는 선행과 그렇지 않은 그것은 보여지는 것은 비슷할지 몰라도 본질적으로 다르다는 것입니다. 전자는 하나님의 기쁨이 되는 그의 공의와 사랑을 위한 것이고, 후자는 결국 자신의 보람과 행복을 위한 것입니다.

아직도 선행이 구원의 기준이 되어야 한다고 생각하십니까? 뿌듯한 삶을 위해서라면 선행이 도움이 됩니다만 궁극적인 구원에 대해서는 하나님도 나의 양심도 그렇게 말하고 있지 않습니다. 그렇다면 선하게 살지 말라는 것입니까? 당신을 구원하는 믿음에 바탕을 둔 하나님의 공의를 선으로 행하십시오. 아무렇게나 살다가 마지막에 회개하고 믿는다고 말하면 그만인 것 같으신가요? 사람에게 통할 수는 있어도 결국 하나님을 속일 수는 없습니다(갈 6:7). 하나님은 죄많은 당신과 제가 구원받을 마지막 기회를 예수님을 통해 남겨두시는 놀라운 은혜를 주셨습니다. 그것은 논리적으로 거부할 대상이 아니라 감사해야 할 하나님의 원리입니다. 당신이 논리적으로 맞는다고 주장할지도 모를 선행하는 삶이라는 것은 오히려 당신의 구원을 원하지 않는 어떤 자의 타협안일 뿐이고 구원과는 별 관련이 없는 자기 위안의 방법일 뿐입니다.

1

선행을 해보신 적이 있으신가요? 선행을 하고자 했던 그 마음에서 무엇을
바라고 있었나요? 금전적이거나 남으로부터의 인정이 아니더라도 그를 통
한 뿌듯한 마음 같은 것이어도 좋습니다.

2

하나님의 말씀을 믿고 따르는 사람들의 선행은 그렇지 않은 다른 사람들의
선행과 어떻게 다를까요?

3

믿지 않는 사람들뿐 아니라 구원받은 사람들도 왜 계속 죄를 짓고 있는 것
일까요? 그 경우에도 구원을 잃지 않고 결국 받을 수 있는 것일까요?

하나님이 인간을 강제로 구원하지 않는다면 어떻게 구원에 이르는가

천국이 단지 착한 사람이 된다고 해서 들어갈 수 있는 곳이 아니라면 믿는 사람들은 어떻게 구원의 확신을 가질 수 있을까요? 예전의 저처럼 당신이 그 질문에 대해 궁금하게 여기신다면 믿음을 시작하는 데 있어 이 챕터가 이 책의 가장 핵심이 되는 부분일지도 모르겠습니다.

제가 첫 직장이었던 인텔에서 근무하던 때에 처음으로 한국 사람이 제 팀에 신입으로 입사하게 되었습니다. 착하고 성실하면서도 자유분방했던 청년이었는데 하루는 교회 이야기를 하게 되었습니다. 한 번도 교회에 가본 적이 없다는 그가 교회에 가는 이유에 대해 저에게 물었고 저는 하나님의 사랑과 구원에 대해 아주 짤막하게 말해주었습니다. 좀 흥미로웠는지 그가 이렇게 다시 물어왔습니다.

"그러면 천국 하늘나라에 가려면 어떻게 가는 거예요?"

길게 설명을 할까 하다가 오히려 제가 이렇게 물어보았습니다.

"본인이 생각할 때 어떻게 가는 거 같아요?"

"음, 제 생각에는요, 아주 큰 트럭 같은 걸로 엄청나게 세게 달려서 천국문을 부수면 될 거 같은데요."

그 얼굴을 보니 미소를 짓고 있었지만 완전히 농담은 아닌 것 같았습니다. 트럭 좋아하는 전형적인 미국 한인 2세 청년으로서 할 수 있는 묘사가 아닐까 생각했습니다. 저는 문득 제가 대학 1학년 때 교문 앞에서 저에게 '사영리'라는 복음 쪽지를 나누어주던 사람이 떠올랐습니다. 그때 저는 그 생명의 말씀을 여느 "도를 아시나요"라고 하는 사람들의 유인물 정도로 여겼던 것 같습니다. 그때를 떠올려보니 구원의 과정이 얼마나 잘 알려지지 않았고, 혹은 오해받고 있는지에 대해 느낄 수 있었습니다.

먼저 성경이 우리에게 가르치고 있는 생명의 내용부터 나눌까 합니다. 구원으로의 길은 죄 많은 인간의 행위나 선행으로 이룰 수 없기 때문에 죄인 된 우리를 위한, 죄 없는 자의 변론과 용서와 구원이 필요합니다. 법률 위반으로 수감 중인 변호사가 판사 앞에서 피고인을 변호할 수 없듯이 말입니다. 그러나 이 땅의 인간 중에 죄 없는 자는 없습니다. 그러므로 하나님의 아들이신 예수님이 십자가에서 나의 죄를 사하시려 흘리신 피가 믿는 자의 구원의 핵심입니다. 그의 부활하심이 그 능력의 증거이고, 우리가 구원에 이르러 또한 부활함의 첫 예시입니다. 예수님을 믿을 때 그 능력은 우리의 영혼을 구원에 이르게 합니다. 당신에게 하나님의 사랑과 구원이 필요하다면 예수님을 믿어야 하는 원리가 그렇습니다. 많은 분들이 이 원리를 모르거나 듣고도 거부하거나 스스로 애를 쓰더라도 믿음까지 이르지 못하는 것을 봅니다. 그 분들을 위해 중보 기도하며 조금이라도 더 들어주고 말해주고 도와드리는 것이 믿는 자의 할 일입니다.
  그렇다면 이 생명의 원리가 어떻게 내 삶과 생활 속에서 믿어질 수가 있을까요? 앞서 제가 믿음을 갖게 되었던 경험들과 과정, 과학적인 측면에서의 시각, 공의와 사랑에 대한 여러 담론들을 지나왔습니다. 이 내용을 통해 없었던, 혹은 부족했던 믿음의 변화가 생기셨다면 그보다 기쁜 일이 없겠지만 만일 아직 그렇지 않으시다면 결국 다시 물으실 것 같은 질문은 "그래서 내가 어떤 계기와 방법으로 듣고 그 믿음을 가질 수 있을까요?"입니다. 저는 그 대답을 로마서 10장 14절 후반으로부터 시작할까 합니다.

"전파하는 자가 없이 어찌 들으리요"

전파함. 구체적으로는 마음을 울리는 설교가 될 수도 있고, 정성스런 노방 전도가 될 수도 있고, 어려울 때 따뜻한 한 잔의 차일 수도 있고, 외로울 때 한 번의 따스한 위로의 말일 수도 있습니다. 믿음은 글로도 배울 수 있겠지만, 제가 느끼기에 각기 다른 커플들이 가진 그들만의 러브스토리와도 같습니다. 그러고 보니 믿음이 생기신 분들 중에 서적으로 깨우치고 감동을 받아 교회에 나왔다는 분들은 연애를 글로 보고 익혀 결혼에 이르렀다는 분을 보는 것만큼이나 드문 일이었던 것 같습니다. 초기 선교사가 나누어준 성경으로 첫 크리스천이 된 우리나라 조선시대 사람들도 결국 성경이 믿음의 계기가 되었으나 그 과정에는 선교사가 흘린 피의 사랑이 필요했던 것처럼, 믿음은 누군가의 전파를 통해 생겨나는 것 같습니다.

제 아버지가 저에게 겸손할 것을 말씀하신 그 일이 있은 지 며칠 뒤에 형님 가족과 함께 충남에 있는 어느 묘지터를 보러 갔습니다. 한국에 계시는 형님들의 노력으로 부모님이 보시기에 적당한 장소를 구했고, 전 가족 모두 나들이 겸 그 곳을 방문하였는데 널찍하고 볕이 좋았습니다. 요즘 그런 자리 구하기가 쉽지 않다던데 아주 잘 구한 것 같아 형님들께도 감사했습니다. 아버지가 나서서 그 자리가 마음에 드시는 점을 설명하시는 것을 보니 무엇보다 아버지가 아주 흡족하게 생각하시는 것 같았습니다. 그 후 다 같이 산에서 내려와 아버지가 좋아하는 횟집으로 저녁을 먹으러 갔습니다. 즐겁게 여러 얘기를 나누다가 다른 분들이 자리를 비우고 잠시 저희 내외와 아버지만 남게 되었습니다.

"애들아, 오늘 본 터가 참 좋지? 내가 마음이 좀 놓인다."

"네. 아주 잘하셨어요. 이제 다른 걱정 마시고 앞으로 오래 사실 테니 건강하고 즐겁게 지내시면 되겠네요."

제가 이 말을 할 때 아버지가 표정이 잠시 어두워지시더니 이런 말씀을 하셨습니다.

"그런데 말이다, 내가 마음이 조금 슬프다."

"왜요? 아버님?"

아내가 이유를 여쭸습니다.

"나중에 나하고 너희 엄마하고 여기 누워 있고 날도 좋고 너희가 오늘처럼 와서 이렇게 찾아주면 좋겠지만 일 년에 한두 번일 테고, 해가 지고 밤이 되면 지금 저기 어두운 산에 우리만 쓸쓸히 있지 않겠냐."

반주로 몇 잔 하신 소주 때문인지도 모르겠지만 아버지는 아마 당신의 마지막이 될 자리라는 생각에 약간 울적해지신 것 같았습니다. 순간적으로 위로의 말씀을 제 머릿속에 고르고 있을 때 아내가 이렇게 말하는 것이었습니다.

"아버님, 아버님은 나중에 여기 차가운 땅속에 안 계실 거예요. 아버님은 하나님과 예수님과 저희와 함께 하늘나라에서 영원히 함께 살 거예요. 아주 영원히요."

그 말을 들은 아버지의 얼굴이 변하기 시작했습니다. 만면에 미소가 번졌습니다.

"그래? 그러냐? 정말 그래?"

"네 그럼요, 아버님."

아내의 눈에 눈물이 비쳤습니다. 아버지가 잠시 말을 잇지 못하시다가 이렇게 짧게 말씀하셨습니다.

"그래그래, 알았다."

70대 후반의 아버지가 남양주 호평동에 있는 교회에 나가게 되신 것은 그로부터 몇 주 후였습니다. 저는 인터넷을 통해 그 교회가 실버 사역에 매우 열심인 것을 알게 되었고, 담임목사님에게 편지를 보내 아버지를 부탁드렸습니다. 감사하게도 교회 봉사자들이 연락도 하고 살갑게 초청도 하여 아버지가 그 교회에 출석하게 된 것입니다. 아버지는 취미로 하시는 하모니카를 교회와 특히 독거노인들을 위해 정기적으로 공연하시며 신앙생활을 시작하셨습니다. 그 후에 세례를 받으시고 그동안 모시던 조상 제사에서 "이번이 마지막입니다"라는 말을 남기시며, 그 뒤로 그 앞에서 절하지 않으신다는 것을 듣고 그 또한 저희에게 놀라운 은혜였습니다.

제 아버지의 영혼이 구원받기까지 저희는 기도와 몇 마디 말의 전파함밖에는 한 일이 없습니다. 특별한 기독교 교리에 대한 서적도 드린 적이 없고 교회에 나가실 것을 강권한 적도 없었습니다. 다만 우리가 아버지를 항상 생각하며 기도하고 있다는 것, 그리고 믿음과 구원이라는 말을 통해 하나님의 초대하심을 전해드린 것밖에는 없습니다. 그것을 통해 하나님이 그의 구원을 이루신 것입니다.

우리는 전도를 생각할 때 복음을 듣게 되는 사람이 수긍할 때까지 듣기 좋은 말, 정확한 성경적 내용, 탄탄한 논리 전개를 해야 하지 않을까 생각합니다. 듣는 입장의 분들 중에 '당신이 나를 과연 설득할 수 있겠느냐'는 태도로 듣는 분들도 있습니다. 그러나 하나님이 믿음을 주시는 경로는 그런 것이 아닐 때가 대부분인 것 같습니다. 진심으로 그 사람에게 관심을 두고 그가 필요한 것을 살피며 하나님의 진정한 사랑의 메시지를 전하는 것이면 충분합니다.

믿음을 갖고자 하시는 분들도 하나님의 말씀이 내 생각에 수긍이 가는지 아닌지보다 지금 자신의 솔직한 필요와 부족함이 무엇인지, 진실로 내가 변화받고 싶은 부분이 무엇인지를 알고 그 부분을 내어 놓고 하나님께 기도하기를 원합니다. 믿음과 구원은 우리의 의지로 만들어지는 것이 아니라 하나님과의 솔직하고 인격적인 대화와 교제를 통해 하나님이 우리에게 주시는 선물입니다. 제 아버지의 경우에도 주님이 아내를 통해 주신 정성스런 한마디를 통해 영적으로 가장 갈급했던 부분을 채워주셨습니다. 그로 인해 70년 동안 가질 수 없었던 하나님에 대한 믿음이 생겨날 수 있었다고 생각합니다.

우리에게 믿음의 공동체가 필요한 것도 이러한 이유입니다. 다른 믿음의 형제자매와 함께 그들이 만난 하나님을 나누고 서로 격려하는 것입니다. 하나님이 주시는 말씀은 입시 교육의 텍스트와는 달라서 하나님은 모든 이가 하나의 풀이 과정과 정답을 통해 믿음을 갖도록 하지는 않으셨습니다. 하나하나 다른 영혼과 인생을 통해 그들에게 맞는 스토리를 만드십니다. 믿음을 갖고 새로운 생명의 삶을 시작할 때 그 후로도 은혜가 충만한 당신의 역사로 스토리는 계속됩니다. 당신이 당신의 마음을 내어드리기만 하면 성령님이 당신 안에서 그것을 만들어 가실 것입니다.

1

당신이 믿음을 가지고 있다면 바로 지금 구원의 확신이 있습니까? 어쩌면
구원을 받지 못할 것 같다는 마음이 든다면 어떤 부분이 마음에 걸리시나
요?

2

믿음을 전파함에 있어 가장 중요하게 생각해야 하는 부분이 무엇일까요?
단지 성경을 나누어주고 보여주는 것만이 전부일까요? 전파받는 분에게
우리가 가져야 할 생각과 태도는 어떠해야 할까요?

3

믿음을 위해 기도하고 있거나 기도하고 싶은 사람이 당신의 주위에 있나
요? 어떤 말로 전파함이 좋겠습니까? 그 분이 앞에 있다고 생각하고 당신
의 메시지를 생각해보시기 바랍니다.

저도 믿음을 가지신 많은 분들과 마찬가지로 성경의 말씀을 들으며, 먼저 믿은 분들의 전함을 받고, 사랑이 충만한 그들의 생활을 보고 느끼며, 또한 하나님에게서 오는 제 자신의 삶에서의 크고 작은 증거를 보며 저의 믿음을 키워나가게 되었습니다. 이러한 개인적이고 인격적인 믿음의 변화가 신앙의 출발입니다. 그를 통해 지금 바로 오늘의 나를 둘러싼 모든 일들이 주님과 함께 일어나고 있는 일임을 느끼게 됩니다. 러닝머신 위에서 운동을 하다가도 뛸 수 있는 몸을 주심에 감사하며, 얼마 전 무릎을 다쳐 수술을 앞둔 이웃을 위해 하나님의 치유를 구하는 기도를 하게 됩니다. 그 기도가 응답되어 왔고 앞으로도 될 것을 알기에 믿음과 신앙이 생활의 중심이 됩니다. 그 믿음의 과정에서 하나님께서 주시는 구원에 대한 말씀을 접하게 됩니다. 죄와 구원 사이에 다리가 되시는 분이 예수님이라는 것을 말이나 글로 인지하는 것에서부터, 더 나아가 그분에게 기도하고 응답받으며 진실로 그리고 전심으로 믿게 됩니다.

성경에서는 예수님이 구원을 위한 유일한 길이라 말씀합니다(요 14:6). 그것을 그대로 믿지 못하는 많은 분들이 이렇게 말합니다. 실제로 제가 들은 말들만 몇가지 예를 들어보겠습니다.

"예수님만 길이겠나? 우리에게 가르침을 줄 훌륭한 현인들이 얼마나 많은데, 예수만 길이라는 유일신 논리는 좁은 생각이지."

"교회든 성당이든 절이든 하나님이든 하느님이든 석가든 다니면서 좋은 일하고 잘 살면 되는 거지, 그런 거는 다 각 종파별로 밥그릇 싸움하는 거야."

"생전 예수라는 말도 모르고 살다 죽는 아프리카나 아마존과 같은 오지에 사는 사람들이나 이순신 장군과 같은 사람들이 다 무조건 지옥 가는 거야? 말이 안 되잖아."

믿음이 없는 분의 입장에서는 충분히 가질 수 있는 질문과 주장입니다. 저도 그랬습니다. 믿음의 사람들도 예수님과 기도로 교제하기는 하지만 마주 앉아서 이 얘기를 직접 나누어보지는 않았을 것입니다. 그렇다면 어떻게 예수님이 성경에서 말씀하듯 단 하나의 길임을 알까요? 가장 좋은 방법은 성경 그 자체입니다. 하나님은 하나님 스스로 존재하시는 분(출 3:14)으로서 그분의 말씀은 스스로 서 있습니다. 성경의 절대성과 무오성을 인정하며 성경을 읽고 들어 믿는 것이지요. 그러나 이 방법이 시작하기에 힘들다면 이런 일화를 통하는 것은 어떨까요.

제가 대학 시절이었습니다. 항상 같이 지내던 세 친구와 함께 어느 여름날 갑자기 어딘가 훌쩍 떠나고 싶어졌습니다. 계획에 없었지만 지리산에 가자, 그것도 가장 높다는 천왕봉에 하루 만에 올라보자는 엉뚱한 생각을 했습니다. 보통 그 길은 하루 반나절에 오르내리기에는 부담스러운 코스라서 아침 일찍 떠나거나 정상 근처 산장 같은 곳에서 하루를 지내는 코스입니다. 등산을 자주 갔던 것도 아니고 수영장에서 같이 운동하던 정도의 우리에게는 객기에 가까운 코스였습니다.

어느 주말에 우리는 당일로 지리산을 오르기 시작했습니다. 변변한 등산화도 없었고 산행을 위한 지도도 없이 출발했습니다. 한두 시간 정도 올랐을까, 산길이 좁아지고 인적이 드물어지기 시작했습니다. 결국 우리는 주위에 아무도 없고 나무만 우거진 길을 가고 있었습니다. 길을 잃은 것이 아닌가 하는 생각이 들기 시작했습니다. 잠시 길을 헤매던 중에 작은 빨간 리본 같은 것이 나뭇가지에 매달려 있는 것을 보았습니다. 그것을 따라 겨우겨우 한 시간 정도를 숨 가쁘게 오다보니 다시 보통의 산길로 돌아올 수 있었습니다.

그제서야 지나가는 분에게 지도를 청해서 보기 시작했습니다. 그분은 지금 우리가 온 길이 산행을 많이 하는 분들도 보통 가지 않는 어려운 길이라서 다시 돌아온 것이 천만다행이라고 했습니다. 우리는 그 지도를 받아서 확인해가며 정상에 올랐습니다. 시간이 2시 정도였고 우리는 바삐 내려왔습니다. 거의 뛰다시피 내려오다보니 해가 지고 있었습니다. 다행히 완전히 어두워지기 직전에 산기슭 아래 인가에 닿을 수 있었고 큰 안도의 한숨을 쉬었습니다. 몇 분이라도 늦었더라면 칠흑 같은 어둠 속에 별다른 장비도 없는 우리에게 큰 문제가 생겼을 것입니다.

기억에 남는 친구들과의 산행이었지만 다시 가고 싶지는 않았습니다. 산이 무섭다는 것을 그때 알았던 것 같습니다. 우리는 산이라는 것이 오르다보면 산의 모양이 그러하므로 결국 정상이겠지 생각했습니다. 이렇게 가나 저렇게 가나 마찬가지라 생각했습니다. 그러던 우리가 산에서 길을 잃었을 때는 이러다가 밤이 되고 어쩌면 조난을 당할 수도 있겠다고 불안해했던 것입니다. 우리가 처음부터 지리산 관광 안내소에서 준 지도를 가지고 그 지도를 믿고 따라가면 이런 일이 없이 즐거운 산행이 되었겠지요. 어떤 사람이 우리에게 와서 '지도 필요 없어요' 한다거나, '그 지도는 믿을 게 못 되니 내 지도를 보세요' 한다거나, '지도에 그렇게 나와 있는 거 아는데요, 그 길이 아니더라도 길이 많지 않을까요'라고 한다면 저는 이렇게 말할 것 같습니다. '그럴지도 모르지요. 하지만 제가 알기로 관광 안내소 지도가 맞고, 또 제 경험으로도 맞는 것 같아서 저는 이 길로 가렵니다. 웬만하면 같이 이 길로 가시죠'라고 말입니다.

믿음과 구원에 대해서도 그렇다고 봅니다. 믿음이 있는 사람이라 해서 다른 모든 종교의 경전에 대해 반박하고 부정할 수 있는 지식을 갖춘 자는 많지 않을 겁니다. 다만 그에게 분명한 것은 성경에서 말씀하시는 예수님을 통한 길이 유일하다는 것과 그 말씀이 진실이라는 믿음입니다. 당신이 믿음을 갖는다면 이와 같은 고백을 할 것이지만 믿음이 없다면 다른 생각들을 할 수밖에 없을 것입니다. 믿는 사람들이 하나님의 말씀을 전파하는 것은 강요나 배타성이 아닙니다. 그것은 그들이 만난 예수님의 선물에 대한 어린아이와 같은 기쁨의 나눔일 뿐입니다.

이 책의 주제와 의도도 그렇습니다. 선교와 전도에 헌신하는 많은 크리스천들이 얻는 것이 세상이 말하는 부와 명예가 아닐진대 혹시 그것이 강요나 독선과 같이 느껴지신다면 믿음을 거부하는 당신의 마음 자체 때문이 아닌지, 당신의 믿음을 바라지 않는 어떤 자의 속삭임은 아닌지 돌아보아야 할 것입니다. 그렇지 않고 만일 그 나눔을 통해 당신이 믿음이 생겨서 예수님이 진정한 길임을 믿게 된다면 그것은 하나님의 당신에 대한 구원의 예정과 사랑의 실현입니다.

불과 몇 달 전까지만 해도 이 절의 제목과 같은 생각을 가지고 계시던 이웃이 있었습니다. 저희 부부는 그 분들을 위해 실망하지 않고 기도했습니다. 만날 기회가 있을 때마다 믿음과 교회에 대한 이야기를 (부담이 될까 하여 길게까지는 못 드렸지만) 간단히 말씀드렸습니다. 지금까지 줄곧 교회를 나가지 않고 있었는데 새삼 무슨 이유로 나갈 수 있겠느냐는 말을 하던 분이셨지만 어느 때가 되니 저희가 교회 소모임인 사랑방을 인도한다면 그것을 발판 삼아 교회에 나갈 수 있을 것 같다고 하셨습니다. 결국 몇 주 후 그 분은 우리 교회의 새가족 환영회에 온 가족을 데리고 나오셨습니다. 그날 강단에서 사회자가 어떤 계기로 교회에 나오시게 되었는지 물었습니다. 그 분의 대답이 놀라웠습니다.

"우리 사랑방장님 부부가 항상 지으시는 미소가 뭔가 평안하고 좋아 보여서 왔습니다."

그 분이 갖게 된 천국 지도에는 철학적 문답이 아닌 결국 주님이 주신 미소가 있었던 것이었습니다. 그리고 몇 주 후에 세례식을 마친 그 가정의 아내 분이 제 아내에게 메시지를 보내왔습니다.

"언니, 나 예수님과 영생이 믿어져."

감격적인 순간들이었습니다. 저희 부부는 그 가정을 보며 그들을 향한 하나님의 사랑 그리고 우리의 기도에 함께하심에 감사의 기도를 올려드렸습니다. 그리고 사랑방 단체 메시지 방에 이렇게 글을 올렸습니다.

"새로운 천국 가족이 되신 두 분을 예수님과 함께 환영하고 사랑합니다."

이 고백이 예수님을 믿는 당신에게도 있기를 기도합니다.

"내 안에 거하라 나도 너희 안에 거하리라 가지가 포도나무에 붙어 있지 아니하면 스스로 열매를 맺을 수 없음 같이 너희도 내 안에 있지 아니하면 그러하리라"(요 15:4).

1

당신이 구원과 천국을 얻기 위해서 많은 방법이 필요하지 않습니다. 단 하나의 확실한 방법이면 됩니다. 그 방법이 무엇일까요?

2

예수님이 구원을 이루어주십니다. 도대체 예수님이 어떤 분이시기에 모든 인류와 나에게 구원의 길을 열어두신 것입니까?

3

예수님을 믿지 않고 살아가는 사람들을 위해 구원받은 성도들이 할 수 있는 일이 무엇일까요? 당신이 확신을 가지고 그들에게 말할 수 있는 것이 무엇입니까?

생활
속의
변화

ARTIFICIAL INTELLIGENCE 사명 영원한 진리 GOSPEL
Almighty is it possible How Can I Be
Life PRISM 성경 하나님이쓰실건가보다
polymorphism KEY PERFORMANCE 사랑방 믿음
Prayer DATA RELIGION 칭의 protocol
특별계시 LOVE STORY 우선순위 FAITH
Love and do what you will
Positive and Encouraging
QUESTION
source code
creation
homodeus
national geographic
EXPONENTIAL GROWTH
BTS
AMAZON
CHATBOT
우연
선행 독수리날개
righteousness 싸움닭
Almighty
아편 LGBT 두려워말라
구원 언니믿어져
meningitis
무균실 relationship
EPICUREANISM 천국
KOREAN AMERICAN
seraphim
가치
CHURCH
정체성
meningitis honduras LIFE STYLE
가이사의것 가치 이민교회
개체화
DATA SCIENCE
열쇠 윤리 Psalms 128
Immanuel 요지터 직장생활
부부싸움 성령의 열매 GRACE
이웃사랑 Wow, that makes sense

5장

감성적 문제

1
절

하나님을 믿으면
자유로운 라이프스타일이 제한되지 않을까

제 경험으로는 의외로 많은 분들이 교회에 가면 하지 말라는 것이 너무 많아서 가기 싫다고 합니다. 술 먹지 말라는 말을 듣기 싫어서 그쪽으로 별다른 애로 사항이 없는 성당에 나간다고 말씀하시는 분들을 본 적이 있습니다. 술 문제만 그럴까요? 생각 자체가 좁아질 것 같다거나 가고 싶은 곳에 대한 제약이 생길 것 같아 그런 간섭과 부자유를 감수하면서까지 굳이 교회생활을 하고 싶지는 않다는 것입니다. 사상, 철학, 인문학적인 다양한 지식을 편견 없이 갖고 싶다는 거창한 관점이 아니더라도 이 세상이 제공하는 즐겁고 다양한 기회와 활동에 대해서, 누군가가 그건 좋지 않다거나 악한 것이라고 말하는 것이 불편하다는 것입니다. 스스로 판단하고 책임질 성인이 된 주체로서 이런 간섭이 싫을 수도 있습니다. 더군다나 기독교적인 세계관에서는 "이것은 옳고 저것은 그렇지 않다", 예컨대 천국과 지옥이라는 이분법적 내용이 불편하기만 합니다.

현실적으로도 요즘과 같이 하루를 쪼개 써도 부족한 바쁜 사회에서 어렵게 시간을 내어 참여하는 신앙 활동이 오히려 나를 얽매는 것 같아 시간 낭비처럼 느껴질 수도 있습니다. 그래서 교회의 문턱에 있더라도 다른 일정이 전혀 없고 정 할 일이 없는 경우에 한해서 일요일

낮에 큰맘 먹고 가끔 선심 쓰듯 한 번씩 가시는 분도 많습니다.

저에게도 그와 같은 때가 있었습니다. 믿음을 갖기 이전 대학 시절 교회에 나가본 적도 없고 가고자 하는 생각도 없었을 때 친구들과 토요일 저녁 늦게까지 어울려 지내다가 자취하는 분당의 친구 집에서 밤새워 놀았던 날이었습니다. 다음날 부스스 일어나보니 친구가 아침을 먹자며 라면을 끓이고 있었습니다. 아침으로 짜장 라면을 먹은 것은 그날이 처음이자 마지막이었던 것 같습니다. 그 친구는 차가 있었는데 그렇지 못한 저는 서울로 돌아갈 겸 따라 나갔고 그는 압구정에 있던 어느 큰 교회로 저를 데려갔습니다. 그냥 집으로 갈까 하다가 그날은 한 번 교회에 들어가볼까 하는 마음이 들어 자리에 앉았습니다. 교회에 나가본 적은 없었지만 어제 그렇게 술 마시며 놀고 아침에 교회라는 곳에 앉아 있자니 조금 어색하기도 하고 민망스럽기도 했습니다.

예배가 시작되었습니다. 그날 목사님의 메시지가 특별히 기억나지는 않지만 마지막에 어떤 책을 소개해주면서 성도님들에게 그 책 읽기를 당부하는 것으로 설교를 마쳤습니다. 물론 저는 그 책을 읽지 않았습니다. 대신 '지금 여기 있는 이 많은 사람들은 참 자신을 힘들게 하며 사는구나'라는 생각을 했던 것 같습니다. 굳이 안해도 될 제약된 생활을 하며 교양수업 같은 설교로 소중한 휴일의 반나절을 소비하는 그들이 잘 이해되지 않았습니다. 함께 갔던 그 친구에 대해서도 '우리와 함께 토요일에 놀고 어떤 이유로 일요일에 교회를 나가는 걸까?' 하는 생각이 들었지만 묻지는 않았습니다. 사실 일요일의 그 시간이 내 시간으로 주어지더라도 그 몇 시간을 대단히 생산적으로 쓸 것 같지는 않았습니다. 부족한 잠을 자거나 집에서 텔레비전을 보거나 또래 친구들과 다시 모여 여가 시간 보내는 것이 대부분이었지만 교회에 나가는 친구들이 일요일에 교회 가자고 할 때면 새삼스레 그 시간이 아까워 시간이 없다고 둘러대곤 했습니다.

그리고 수년의 시간이 흘러 제가 유학을 오고 영접하여 믿음을 가지고 몇 년 후 박사 과정 마지막쯤이었던 것 같습니다. 너무나 바쁘고 힘든 때였지요. 하루는 어머니와 전화 통화를 하던 중이었습니다.

"아들, 요즘 어떻게 지내니? 논문은 잘 되고? 많이 바쁘지? 어떻게 지내?"

"바쁘지요, 학교, 집, 교회밖에는 아무데도 못 가고 공부만 합니다."

어머니는 제가 딱하셨는지 당부의 말씀을 주셨습니다.

"그래 힘들겠네. 몸 잘 챙기고 교회는 적당히 다녀라. 공부에 지장 있으면 안 되니까."

보통 그렇듯 "네, 걱정 마시고, 어머니도 건강하세요" 정도로 통화를 마친 다음 잠시 생각에 잠겼습니다. 그 당시 교회에서의 제 시간 사용을 보면 매주 목요일 밤 서너 시간의 찬양단 연습과 큐티, 주일 아침 예배 전 찬양 준비 한 시간, 2부와 3부 예배 총 세 시간, 이후 청년부 예배로 한두 시간을 쓰던 때였습니다. 이것 말고도 특별 집회나 봉사활동, 식사 모임 같은 것까지 합치면 정말 대단한 투자였습니다. 몇 년 전 믿지 않을 때 나갔던 그 큰 교회에서 했던 내 생각이 떠올랐습니다. 그때의 내 기준이라면 절대로 지금의 믿음생활을 꿈꾸지 못했을 것입니다. 그때에 비해 유학 시절이 더 바쁘면 바빴지 한가하지 않았기 때문입니다. 태어나서 줄곧 살던 한국을 떠나 미국이라는 낯선 곳에 살며 더 다양하고 새로운 경험을 누려야 할 시기였습니다.

그렇다면 지금의 나는 잘 살고 있는 것인가 하는 자문을 하게 되었습니다. 그때의 제 결론은 "그렇다", 사실 "완벽히 그렇다"였습니다. 일단, 하나님을 믿는 생활은 저에게는 삶의 에너지였고 영혼의 쉼입니다. 사람들이 자주 하는 오해가 종교생활을 통해 삶의 윤택함을 갖겠다는 생각입니다. 실제로 교회생활을 통해 심리적인 평안이나 정서적인 안정과 같은 유익을 얻는 부분이 있습니다. 그러니 그와 같은 생각을 하는 분들은 나의 이익을 위해 필요한 정도까지만 종교생활을 하면서 가장 중요한 본업을 열심히 하겠다는 의도일 것입니다. 그러나 이런 목적은 하나님을 믿지 않더라도 일시적으로 마음 수련이나 요가 같은 레저성 활동을 통해서도 이룰 수 있습니다. 그러므로 어머니의 "학업에 지장 없이 하라"는 말씀은 내 삶을 보강해주는 활동 정도로 즐기며 하라는 정도의 의미일 수 있습니다. 그런데 저에게 믿음생활은 '부'가 아닌 '주'가 되어야만 했습니다. 말씀의 생명력은 저의 힘겨운 학업에 매일매일 나침반이 되었습니다. 그 큰 그림 안에 학업도 생활도 맞추어갈 수 있었습니다.

라이프스타일을 얘기하기 전에 잊지 말아야 할 첫 번째는 믿음생활을 '주'로 가져간다는 것이 내 삶의 자유로움을 얽맨다거나 생업을 소홀히 한다는 의미가 전혀 아니라는 것입니다. 오히려 그 반대입니다. 마음이 불편할 정도로 반드시 교회 안에서 엄청나게 많은 시간을 투자해야 한다는 얘기도 아니고 생업을 뒤로하고 신앙생활에 묻혀 살아야 한다는 것도 아닙니다. 예배와 기도와 묵상과 성경으로 일주일에 몇 시간을 쓰느냐보다 더 중요한 것은 그 믿음을 위한 시간을 통해 하나님의 말씀으로 내 삶이 지탱되고 궁극적인 방향성을 갖게 되었느냐 하는 것입니다.

믿음생활이 '주'가 될 때 더욱 집중된, 목적과 소명이 분명한 활동이 가능해집니다. 한마디로 내가 왜 이 일을 해야 하는지 알게 되고, 기도로 대화하며 함께 걸어갈 때 이 일을 내 능력이 아닌 하나님께서 이루어주시는 것을 하루하루 보게 됩니다. 그것이 내 인생을 더욱 열정적으로 살아가게 합니다. 주님은 힘들 때 도와주시는 분이 되시고 외로울 때 함께해주시는 분이 되십니다. 일신(一身)의 영광만을 위해 일하는 사람과 그 위에서 모든 것을 주장하시는 하나님의 영광을 위해 맡겨진 모든 일에 노력하는 사람과는 그 일의 만족과 방향성이 다릅니다. 하나님이 함께하는 삶은 나의 행동을 좁게 만드는 것이 아니라 반대로 지금보다 더 넓은 마음을 지닌 선한 성숙으로 이끄십니다. 하나님은 더 크게 살아갈 수 있는 구체적이고 실제적인 말씀을 주십니다.

두 번째로, 믿음은 나의 삶의 가치와 행동에 대한 본질적인 내적 기준이므로 이른바 라이프스타일이라는 비본질적인 외적 모습과는 구별될 필요가 있다는 것입니다. 믿음은 핵심이고 라이프스타일은 외형입니다. 믿음에 의해서 라이프스타일이 변화될 수 있습니다. 그러나 반드시 모두 변화될 필요는 없습니다. 오해를 막기 위해 이 부분을 잘 요약한 말씀이 있습니다.

"죄와 복음에 관한 일이 아니면 어떤 일이라도 자유롭게 살 수 있다."

이 말씀은 성경에 있는 것이 아니라 제가 존경하는 한 장로님께서 하신 말씀입니다. 그 분은 유한 킴벌리라고 하는 환경 및 인간 친화적인 가치를 중시하는 회사의 이사회 회장까지 지내신 분이지만 누구보다 겸손하시고 주위의 믿는 사람들에게 큰 본이 되시는 분이셨습니다. 제가 2014년부터 한국에 몇 년간 머물 때에 같은 사랑방에서 지내며 배우고 나누었던 인연이 있었습니다. 제가 살던 아파트의 지하 마트에서 가끔 만나뵐 때면 칠십이 넘은 연세에도 깔끔한 트레이닝복 차림에 이어폰을 한 젊은 모습으로 장을 보시던 모습이 눈에 선합니다. 그 나이에도 왕성하게 국제 경영 컨설팅 활동을 하고 계십니다.

크리스천들은 세상의 악한 풍랑 속에서도 진리를 알고 믿고 살기에 누구보다 자유롭게 살 수 있습니다. 하나님의 기준으로 죄가 되지 않고 예수님이 전하시는 복음을 거스르지 않는 것이라면 누구보다 창조적이고 적극적이며 진취적으로 살 수 있는 것입니다. 그러므로 새로운 시류, 기술, 문화에 빠르게 적응할 수 있고 고리타분한 구습, 미신, 관습, 불안에 얽매이지 않습니다. 그러면서도 악한 것, 근본적인 죄의 문제를 말씀에 근거하여 민감하게 분별할 수 있습니다. 그러므로 영생을 가진 믿는 자의 라이프스타일은 여유가 있고 목적이 분명한 진정한 자유로움입니다.

　최근에도 저는 믿음이 있는 삶의 자유로움에 대해 다시 생각하게 된 적이 있었습니다. 모자이크교회(Mosaic Church)는 미국의 메이저 영화 제작사들이 몰려 있는 유명한 로스앤젤리스 할리우드의 중심가에서 사역하는 교회입니다. 네온사인이 가득한 할리우드 밤거리 한가운데에서 침례 세례를 주는 것으로 유명한 이 교회는 최근에도 엄청난 성장과 부흥을 경험하고 있습니다. 제가 섬기는 사랑방의 사랑하는 한 가정이 얼마 전 어느 주일에 이 교회를 방문할 기회가 있었습니다. 그 교회의 어윈 맥매너스 담임 목사님(Rev. Erwin McManus)의 설교가 시작될 즈음, 고등학생 자녀 케일럽(Celeb)과 함께 그 자리를 찾았던 우리 사랑방 가족은 깜짝 놀랐다고 합니다. 그 분이 하드록 밴드나 힙합 그룹에서나 볼 수 있을 것 같은 가죽 재킷에 금속 휘장과 장식들을 하였고, 피부 위에도 여러 문신을 한 모습으로 설교 강단에 서신 것입니다. 처음에는 매우 당황스러웠지만 그 분의 설교를 통해 그 의미를 알게 되었다고 합니다. 사람의 겉모습, 삶의 스타일이나 취향과 같은 것으로 그를 판단하지 말 것이며, 그것이 하나님 앞에 근본적인 죄의 문제가 아니라면 그 안에 넘치는 자유가 있다는 것입니다.
　제가 이 말씀을 드리는 의도는 교회에 올 때 굳이 금속 휘장이나 문신을 할 것을 장려하는 의미가 아니고, 하나님이 성경에 죄라고 말씀하신 것을 그렇지 않다고 말씀드리는 것이 절대로 아님을 아실 것입니다. 믿음을 가지고 교회에 출석하는 사람들은 그 몸가짐과 행동에 있어 반드시 이러이러해야 한다는 규칙을 세우는 것이 믿음을 굳게 할 수도 있지만, 자칫 믿음의 범위와 지경을 좁힐 수도 있다는 것입니다. 그 목사님의 모습을 보고 눈살을 찌푸리며 예배당을 박차고 나간 분들도 계셨을지 모르지만, 그가 그날 복음으로 영접하기를 권했을 때 수많은 불신자들이 그 자리에서 일어나 단상 앞으로 나아가 믿음을 고백하였습니다.

그 날 저녁 케일럽은 그 목사님의 설교에서 받은 은혜를 가지고 아버지와 한 시간을 토론하였다고 합니다. 그때처럼 아들이 성령의 감동으로 가득 찬 모습을 본 적은 처음이었다고, 그 집사님들이 이후 사랑방 모임에서 저희에게 간증해주셨습니다. 그 아이는 그 해 여름에 중미 온두라스의 오지로 아버지와 함께 난생처음 단기 선교를 떠났습니다. 물론 힙합 복장이나 문신은 하지 않았습니다.

성경에서는 믿는 자가 갖추어야 할 덕스러운 행실과 용모에 대해 여러 군데에서 말하고 있습니다(롬 14:15-23 ; 엡 5:18 ; 딤전 2:9 등). 믿음 없이 이것들을 지키려고 노력하는 것은 힘듭니다. 그러나 진정으로 하나님을 만나고 그분의 말씀을 깊이 사모하게 되면 하나님께서 나를 변화시키고 이 덕목들을 지키는 것이 오히려 더 편안하고 자유롭게 느끼도록 해주십니다. 마음의 중심을 보시는 하나님은 당신이 당신의 삶에 자유함을 느끼고 살기를 언제나 바라십니다.

1

당신이 양보할 수 없는 특별한 삶의 방식이나 즐거움이 있습니까? 그것이
하나님을 믿고 교회를 다니는 삶과 잘 어우러집니까, 아니면 불편한 부분이
생길 수 있습니까?

2

하나님을 믿는 믿음이 당신의 삶을 변화시키게 된다면, 혹은 변하게 하고
싶다면 어떤 부분부터일까요?

3

믿음은 '내려놓음'이라고 합니다. 영혼이 다른 세상의 것으로 가득 차 있으
면 새로운 선한 것이 들어갈 수 없습니다. 당신이 내려놓는 것보다 훨씬 더
좋은 것으로 채워주실 것을 믿고, 당신이 내려놓을 수 있도록 기도하실 수
있습니까?

예전에 믿지 않는 몇몇 어르신들이 이런 질문을 하시는 것을 들어보았고, 저 역시 이 부분에 대해 고민해본 적이 있었습니다. 성경의 배경은 천지창조에서 시작하여 그 주요 무대를 이스라엘 민족을 둘러싼 지금의 중동 지역으로 가지고 있습니다. 예수님의 제자들이 하나님의 말씀을 전하기 위해 여러 나라, 즉 그들의 관점에서 이방 민족에 전도 여행을 하는 내용도 많이 기록되어 있습니다. 물론 우리나라와 같은 극동 아시아나 북남미와 같은 먼 곳에 대해서는 정확한 기록이 없고 다만 노아의 방주 사건 등에 그의 자손들이 전 세계에 퍼져 나갔을 것으로 보이는 장면 정도가 있습니다.

그렇기 때문에 성경에서 보여지는 세계는 우리나라의 문화 배경과는 다른 나라의 것일 수밖에 없습니다. 우리나라에도 신화적인 내용으로 단군이나 박혁거세와 같이 민족성 짙은 이야기들이 있습니다. 무엇인가를 믿기 원한다면 굳이 다른 나라의 것이 아니라 우리나라, 차라리 우리 조상의 정신적 유산을 믿는 것이 맞지 않느냐는 질문은 역사적 자존심의 문제일 수도 있습니다. 그런데 이 질문의 배경에는 기본적으로 한 가지 분명한 것이 깔려 있습니다. 그것은 종교를 이해하는 데 있어서 역사적, 문화적 정체성에 대한 확신, 즉 내가 나고 자란 곳의 보편하는 가치가 다른 것에 우선되어야 한다는 기저의 인식입니다.

문화적 정체성이라는 것은 대단히 중요합니다. 저처럼 한국 출신으로 외국에서 생활할 때 이 정체성에 대해 자주 고민하게 됩니다. 특히 이민 2세나 3세들의 경우에 그것이 심합니다. 자신은 2세로 태어나 영어가 더 편하고 심지어 한국어를 전혀 하지 못하는 분들도 있습니다. 그들은 문화적으로나 법적으로 이곳 사람입니다. 그런데 그들이 아침에 집 앞에서 정원 일을 할 때 지나가던 이웃과 인사를 나누다가 문득 상대가 이렇게 물어보는 것을 경험합니다.

"Where are you from originally?"

한국에서 이민 온 성인의 경우에는 별 생각 없이 있는 그대로 얘기해줄 수 있습니다. 그러나 2세들의 경우는 다소 무례한 이 질문에 상당히 불편해하고 당황스러워합니다. 그리고는 보통 이런 대답을 할 것입니다.

"Hmm, my parents came from Korea quite ago."

저는 제 아이들에게 그 국가적 문화적 정체성을 한국계 미국인 (Korean American)으로 갖기를 당부하고 있습니다. 완전히 한국 문화를 가진 것도 아니고 그렇다고 전적으로 미국적인 생각만으로 성장하지도 않았으므로 그와 같은 커뮤니티를 묶어 한국계 미국인이라는 별도의 정체성을 갖게 하는 것이 바르겠다고 보았습니다. 물론 이것은 부모로서의 조언일 뿐 결국 자신이 그 부분에 대해 인식 정리가 되어야 하겠지요. 저는 한국에서 태어나 30년 가까이 지냈고 그 뒤로도 한국적인 문화와 연계되어 살고 있으니 여전히 한국인이라 할 수 있습니다. 하지만 그동안 여러 회사를 다니며 직업적으로나 사회적으로 상당히 미국적인 문화와 시각도 갖게 되었다고 봅니다.

그런데 이러한 국가적 민족적 분류와 정체성이 예전보다는 점차 옅어지고 덜 중시되는 추세를 보입니다. 한국 사회에서의 다문화 가정 증가와 인식 변화 같은 것이 하나의 예입니다. 단일 민족을 대단한 자긍심으로 가지고 살던 시절과는 약간 다른 인식 전환이 있는 것 같습니다. 예전에는 미국 내에서도 다양한 사람들끼리 종종 어떤 나라에서 왔는지 질문하기도 하고 질문을 받기도 했습니다만 요즘은 그다지 많지 않습니다. 다양한 국적의 사람들을 만나게 되는 회사에서도 특별한 국가적, 문화적 색채를 띠는 것이 이곳 사회생활에 별 도움이 되지 않을 때가 많습니다. 한국인이든, 한국계 미국인이든 정신적 문화적 유산이 있다는 것은 자기의 근본을 알고 살아간다는 면에서 매우 소중하고 의미가 있습니다. 다만 그것이 새로운 것을 받아들이는 데 있어서 배타성으로 나타나게 되면 부정적인 영향을 줄 때가 있다는 것입니다.

이미 말씀드린 정체성을 넘어선 배타성에 대한 경계보다 더 중요한 것이 있습니다. 그것은 하나님에 대한 믿음이 이러한 국가적이고 문화적인 관점의 가치보다 더 상위에 있어야 한다는 원리입니다. 그것은 넓은 의미에서의 민족적 정체성을 초월한 이웃 사랑입니다. 비록 성경이 이스라엘을 배경으로 하고 있고 예수님이 이스라엘 민족의 후

손의 몸으로 이 땅에 오셨지만 전 인류에 대한 그의 사랑을 비추어볼 때 민족적 시각으로만 이해할 것은 아닌 것 같습니다. 하나님을 이스라엘의 신이라고 하기에는 그 인식의 프레임이 너무 작습니다. 하나님은 이스라엘을 창조한 그들의 민족신이 아니고 이 세상을 창조하고 당신을 만드신 분이기 때문입니다. 바울은 하나님의 생명의 말씀과 사역은 유대인이나 이스라엘인에게만 국한하지 않고 모든 사람들에게 동일하게 적용된다고 하였습니다(엡 2:11-22). 예수님께서도 이스라엘 끝까지 복음을 전하라 하지 않고 땅끝까지 하라고 하셨습니다(행 1:8).

만일 우리의 믿음이 진실되고 근본적인 것이라면 우리는 이러한 국가적 문화적 역사적인 기본 개념으로부터 자유로울 필요가 있고, 그 믿음을 통해 하나님께서는 우리에게 독수리와 같은 자유를 주십니다. 성경이라는 이름의 책에 단지 그렇게 쓰여 있기 때문에 그렇다는 것이 아닌, 성경을 통해 나와 당신이라는 2인칭의 시점으로 만난 하나님이 하시는 말씀이 그러하기에 믿는 것입니다. 제가 찬양 중에 만난 하나님이 주신 자유는 우리의 철학적 지식, 문화적 고정관념, 유교적 규례를 뛰어넘어 모두가 주 앞에 평등하고, 절대적 진리에 접근 가능한 예수님의 십자가의 능력으로 인한 것입니다. 그 절대성 앞에 우리가 어려서부터 배워온 국가나 문화적인 차이도 문제가 될 것이 없을 것입니다.

한 가지 덧붙이자면 하나님을 믿는 사람으로서의 정신적 전통을 우리 후대에 물려줄 필요가 있다는 것입니다. 예전에 함께 교회에 다니던 어떤 분이 "내 아이는 그가 성년이 되어 스스로 자신의 종교를 선택할 수 있을 때까지 교회에 데려가지 않겠다"라고 말씀하는 것을 보았습니다. 어리지만 그 자녀의 자유 의지와 판단을 존중하는 면에서 일리 있는 견해라고 생각합니다.

그러나 제 생각에는 믿음이 그 자녀가 성인으로서 판단이 설 때까지 기다려야 하는 이성적인 취사 선택의 문제인가에 대해서 조금 다른 의견을 가지고 있습니다. 아이들이 어려서부터 믿음생활을 하도록 하는 것은 마치 이제 말을 배우는 어린아이에게 어른에게는 존댓말을 써야 한다고 가르치거나 명절에 큰절 하는 법을 가르치는 것과 같다고 봅니다. 왜냐하면 이와 같은 한국의 문화 안에서 어려서부터 그에 맞는 예절과 행동방식을 후손에게 전수해야 하는 것처럼, 크리스천의 생활과 방식은 믿는 부모 된 입장에서 반드시 자녀들에게 공유하고 내려보내야 하는 생활과 전통의 정신적 유산이기 때문입니다. 우리는 하나님을 아버지라고 입으로 고백하는 사람들입니다. 하나님은 우리 자녀에게도 하늘의 아버지가 되어야 합니다. 우리 육신의 아버지가 우리 자녀들의 할아버지가 되는 것은 그들이 취사선택하는 것이 아니듯 말입니다.

그 이유가 민족적이든 국가적이든 문화적이든 간에 하나님과 거리를 두는 것은 우리의 영적 성장을 위해 좋을 것이 없습니다. 하나님이 지으신 그 모든 가치 위에 하나님의 사랑이 있음을 알고 그것에 우선순위를 두는 믿음이 우리에게 필요합니다.

1

어려서부터 배워오고 지켜온 가치 기준과 하나님의 말씀이 상충하는 것이
있다면 무엇일까요? 예컨대 겸손과 공손이 미덕인 우리에게 특히 웃어른
들에게 구원과 말씀의 기쁨을 나누는 것에 불편함이 있습니까?

2

당신의 정체성을 어디에서 찾고 계십니까? 국가나 민족이나 문화입니까?
그것이 하나님의 자녀 된 자의 모습과 차이가 있습니까?

3

위의 내용에 비추어 당신 자신과 당신이 사랑하는 부모님, 형제자매 그리고
자녀들이 믿는 자의 정체성을 갖도록 도울 방법이 있을까요?

3절 끊임없는 종교적 이유의 테러와 전쟁을 볼 때 종교를 갖고 싶지 않다

제가 학창 시절 대학 연구실에서 일하던 때였습니다. 친한 동기가 주선한 단체 미팅에 인원이 맞지 않는다는 부탁이 있어서 논문과 유학 준비로 바쁜 시기였지만 나갔던 적이 있었습니다. 그 당시에 저는 사람을 만날 겨를이 없어서 적당히 한두 시간 앉아 있다가 들어왔습니다. 그런데 그 자리에 있던 한 분이 주선자를 통해서 저에게 연락을 해왔습니다. 볼품없는 용모의 저에게 관심을 가진 그 분이 지금 생각해도 이해가 잘 되지 않습니다만 전화가 와서 두 번 정도 통화한 뒤로 차차 피하게 되었습니다.

그러던 어느 날 학교 학과 사무실을 통해 소포 하나가 배달되었습니다. 올 곳이 없는데 뭘까 하는 생각에 상자를 열어보고는 깜짝 놀랐습니다. 섬뜩한 흑백 판화 작품 같은 것이 들어 있었는데 그 그림 위에 담배불로 지진 것처럼 그을린 흔적이 남아 있는 것이 보였습니다. 먹다 남은 것처럼 반쯤 포장이 뜯어진 불량식품 종류의 초콜릿도 몇 개 같이 들어 있었습니다. 누가 이런 이상한 물건을 보냈을까 곰곰히 생각해보았습니다. 그러고 보니 그때 단체 미팅에서 만난 사람들이 어느 여대의 미술과 학생들이었다는 것이 생각났습니다. 그제서야 '뭔가 잘못되었구나' 하는 생각이 들었습니다. 그 뒤로 그에게서 어떤 연락도 없어서 다행이었습니다. 내가 관심이 있다 하여 다른 사람이 그래야 하는 법은 없고, 어떤 이유에서건 이런 행동들이 정당화될 수는 없겠지요.

이 경우는 자신의 관심을 알아주지 않는 데서 오는 증오심 같은 것이겠지만, 비슷하게 종교적인 면에서도 어떤 이들에게는 그것이 삐뚤어진 신념으로 자라나는 경우를 봅니다. 종교라는 이름으로 자신의 욕구 불만이나 타인에 대한 혐오를 분출하는 사람들이 있습니다. 어느 종교가 더 폭력적이고 비인간적인지 저는 잘 알지 못하고 여기에서 다루고 싶지도 않습니다. 다만 인간의 죄성 안에 있는 그 끔찍한 것들과 원래 믿음이 가진 선한 것을 분별할 필요가 있다는 것은 분명히 말하고 싶습니다.

사랑은 사람이 가질 수 있는 지고지순하고 숭고한 가치입니다. 그러나 그것이 자기 중독이 되고 도가 지나칠 때 사랑을 가장한 편집증적인 스토킹이 될 수 있습니다. 예수님은 하나님을 사랑하고 원수와 같은 이웃도 사랑하라고 말씀하셨습니다. 전도여행을 그렇게 많이 다니고 매 맞고 감옥에 갇히는 경험을 했던 바울 역시 한 번도 그들을 욕하고 정죄하지 않았습니다. 믿는 자들은 그들이 내쫓김과 생명의 위협을 당할 때면 싸우고 버티는 것이 아니라 신발을 털고 다른 도시로 향하곤 했습니다(행 13:51). 사랑하라고는 하셨지만 믿는 자들에게 생각과 신념이 다른 사람들을 정죄하고 판단하며 해할 권리가 있다고 말씀하지 않으셨습니다. 전쟁과 심판은 하나님께 속한 것입니다(대하 20:15). 오히려 굴절된 신앙을 가진 사람들이나 조직에 의해 환난 당하는 많은 그리스도인들을 보는 것이 현실입니다.

믿는다는 것이 이런 것이 아니라면 왜 이 세상에는 그러한 비극들이 있어 왔고 지금도 있는 것입니까? 저는 두 가지 이유를 보게 됩니다. 앞서 3장에서 얘기하였듯 하나님께서는 이 땅에 악을 허락하셨습니다. 그 악에 의해 시험받고 분별을 상실한 사람들의 삐뚤어진 신념으로 그러한 일이 일어나는 것이 첫 번째입니다. 그들을 통해 하나님은 악한 세상을 허락하시고 보이심으로써 오히려 사람들이 하나님의 선한 이름을 부르기를 원하십니다. 믿는 우리 입장에서는 인간 안에 있는 독선과 잔인성과 같은 악에 대해 분명한 인식과 경계가 필요하고 하나님의 공의와 사랑에 더욱 가깝게 거해야 하는 것입니다.

두 번째 이유는 그와 같은 비극을 통해서 믿는 자들이 해야 할 것이 무엇인지 하나님 앞에 기도하고 알게 하기 위함입니다. 우리 삶에 그것을 통한 선한 변화, 즉 슬퍼하는 자에게 도움을, 그리고 분노하는 자에게 화평을 돕는 것이 믿는 자의 할 일일 것입니다.

지금 저와 일대일 성경공부의 리더반을 함께 수강하고 있는 집사님이 계십니다. 그 분은 한국과 미국에서 사회심리학을 공부하시고 여러 국제 선교 활동과 관련된 집회에 봉사하고 계십니다. 이분은 현재 선교사 파송 준비 과정에 있습니다. 오랜 기간의 미국생활을 뒤로하고 선교사로 나가는 꿈을 꾸고 있는 것을 보며 많이 배우고 도전을 받습니다. 그런데 이분이 서원한 파송지는 다름 아닌 전쟁과 기아로 혼란스러운 중동 지역입니다. 절대다수가 타종교이고 전쟁으로 생명이 위협받을 수 있으며 내전과 난민 문제 등으로 논란이 많은 바로 그 곳입니다. 그러면 왜 그 분은 굳이 그 곳을 두고 기도하고 있는 것일까요?

하나님이 악을 남겨두고 그로 인한 고난을 이 땅에 두신 것은 바로 예수님이 그의 고난으로서 이 땅에 남겨놓은 부분입니다. 그 부분을 믿는 우리에게 나누고 싶어 하시는 것입니다. 바울도 골로새서를 통해서 이 부분을 말씀하고 있습니다(골 1:24). 우리가 믿는 자의 고통을 나누는 것은 예수님의 십자가 이후에 우리에게 남겨놓으신 사랑의 고통입니다. '왜 그와 같은 전쟁을 허락하십니까?'라는 원망보다는 그 비극을 통해 우리가 무엇을 해야 할지를 아는 것이 하나님이 원하시는 것입니다. 그들의 황폐해진 몸과 영혼과 환경을 위해 기도하고 돕고 함께 아파해야 합니다. 그처럼 우리가 믿는 사람 본연의 일을 하게 되면 우리는 자연스럽게 예수님의 제자가 될 것입니다.

주님은 제자에게 주실 보답으로 하늘의 크고 놀라운 비밀을 알려주신다고 하셨습니다. 제자가 되어 애쓰는 보답으로 높은 지위와 부와 명예와 자손 대대로 축복을 받으면 더 좋겠다는 생각이 드시나요? 주님이 주시는 이 비밀은 우리가 세상의 것을 모두 가졌을 때보다 더 큰 기쁨을 주시는 것입니다. 바울의 그 기쁨의 고백이(골 1:24) 그 모습을 보여주고 있습니다. 세상의 눈으로 하나님의 행하심을 바라보면 이해되지 않는 것이 많습니다. 그럴 때마다 우리가 한 단계 위에서 성숙한 생각을 할 수 있기 원하시는 하나님의 성품을 알아가시기를 바랍니다. 저 역시 제 인생을 통해 그것을 배우고 있습니다. 그것은 이 세상의 지식과 경험으로 알 수 있는 성품이 아닌 것 같습니다.

제가 유학 시기에 가르침을 받았던 교수님 한 분과 졸업 전 마지막 점심을 오붓하게 할 기회가 있었습니다. 학계에서 크게 인정받으시고 항상 온화한 미소로 자상하게 강의하는 분이셨습니다. 그날 제가 잠시 식사 기도를 하고 음식을 먹기 시작하려고 할 때 교수님이 저에게 넌지시 물어보셨습니다.

"종교를 가지고 있나?"

그 분에게서 종교라는 단어를 들은 것은 제 박사 과정 4년 만에 처음이었습니다.

"네, 장로교회에 나가고 있습니다."

"오래 다닌 건가?"

"몇 년 되었습니다."

교수님은 저를 잠깐 바라보시며 이렇게 얘기했습니다.

"내 생각에 종교는 아편이네. 사람들이 제대로 합리적으로 생각할 수 없게 만들지. 그래서 나는 종교를 갖지 않아."

그때는 제가 그다지 믿음으로 준비되지 않았던 것 같고, 워낙 갑자기 의외의 장소와 의외의 사람에게서 나온 말이라 특별히 더 깊은 대화로 가져가지 못했습니다. 그 분의 말에 일리가 있는 부분이 있다면 지극히 학문적인 입장, 즉 종교학적인 입장에서 모든 종교를 바라보는 경우라면 어느 한 종교의 믿음을 갖는다는 것이 다른 것들을 비교 고찰하는 데 객관성 측면에서 영향을 줄 수는 있겠다고 생각했습니다. 그러나 그 분은 공학 전공 교수님이었고 굳이 종교학이나 신학적 측면을 얘기하고 있는 것은 아닌 것 같았습니다.

그 분이 말한 '합리성'을 빌리자면 이 땅의 종교와 관련된 문제들은 말 그대로 아편에 중독된 것 같은 인간이 저지른 일일 것입니다. 앞서 말씀드린 것처럼 죄성에 물든 인간의 분별없는 행동에 의한 것이라는 면에서 그것은 일면 맞습니다. 그러나 거기서 우리의 생각이 끝난다면 그 비극들은 추악한 정치적 이유와 종교를 빙자한 인간의 잔인함 외에 어떤 다른 궁극의 이유도 없고 헛되이 상처받고 죽어간 가여운 사람들에 대한 뉴스의 한 조각일 뿐입니다. 그것을 넘어서 하나님께서 그 일을 통해 우리에게 말씀하고자 하시는 것이 무엇인지, 어떤 마음을 갖기 원하시는지, 그리고 우리에게 부탁하시는 것이 무엇인지까지를 볼 수 있어야 합니다. 이와 같은 환난의 사건을 보며 참다운 믿음을 가진 사람들은 하나님의 공의와 사랑을 위해 기도하며 더 깊은 믿음을 일구어 나갈 것입니다. 믿음의 눈으로 세상에 일어나는 일들을 볼 때 우리에게 주시는 영적 성숙의 유익이 이것입니다.

1

나 자신 혹은 주위에서 잘못된 신념이나 신앙 때문에 생긴 문제나 상황이
있습니까? 어떤 원인에서였고 어떤 결과가 주어졌습니까?

2

하나님을 믿는다는 이유로 당하는 환난도 있을 수 있습니다. 그것이 우리에
게 유익이 될 수 있는 까닭은 무엇일까요?

3

종교를 둘러싼 전쟁과 테러로 기아와 재난 아래 있는 사람들을 위해 기도
하기 원합니다. 그것을 볼 때 우리가 가져야 할 마음이 무엇일까요?

4절 나는 의지가 약한 편인데
내가 과연 믿음을 얻을 수 있는가

이 질문에 동감하신다면 이제 믿음과 믿음생활에 대해 부정적인 시각보다는 긍정적인 쪽으로 바뀐 상황일 것 같습니다. 하나님을 믿는 것이 좋겠다는 생각은 하지만, 지금 자신이 처한 모든 상황에 비추어볼 때 우선순위의 문제이거나 개인의 성향상으로도 내가 믿음생활을 열심히 할 수 있을까 하는 것이 현실적 문제일 수 있습니다.

의지가 없는 나에게 바쁘고 분주한 생활 속에서 차분히 교회와 성경을 가까이하며 믿음을 가질 수 있을까, 내가 그런 노력을 할 수 있을까 하는 걱정이겠지요. 그런데 한 가지 중요한 것이 있습니다. 그것은 "믿음은 당신의 노력으로 얻어지는 것이 아니다"라는 것입니다. 믿음을 굳게 해나가는 것은 우리가 학교나 회사에서 열심히 일해서 인정받기 위한 노력과는 조금 다른 것이 필요합니다.

제 경우에도 유학생 시절에 믿음을 가진 이후로 하나님을 위해, 그리고 나의 믿음의 강건해지도록 하기 위해 내가 어떻게 노력해야 할 것인가를 항상 생각했습니다. 믿음을 위해 시간을 더 사용하고 교회 일에 더욱 힘쓰며 헌금도 더 하기 위해 애쓰기도 했습니다. 사람들과의 관계에서도 이른바 '교회 다니는 사람'답게, 즉 덕스럽게 보여질 수 있도록 노력하기도 했습니다. 그 결과 때때로 제가 믿음이 더 깊어지고 좋아지는 것처럼 느껴지기도 했지만, 차차 그런 노력을 하는 것이 힘들어지기 시작했습니다. 그럴수록 내 본 모습과 다른 나를 보는 것 같기도 해서 스스로 어색해지기도 했습니다. 무엇이 문제였을까요?

중요한 것은 나 자신에게 항상 진실하고 솔직하게 물어볼 수 있어야 한다는 것입니다. 즉, 내가 내 시간과 내 말과 내 행동을 믿는 사람답게 하고자 하는 것이 '그러해야 한다' 혹은 '그러해야 할 것 같다'는 의무감에서 나온 나의 노력인지, 아니면 하나님을 믿는 순전한 나의 믿음에서 나온 자연스러운 삶의 표현인지를 말입니다.

믿음이 부족한 상태의 인간 의지가 믿음을 만들어내는 것이 아닙니다. 그 반대로 믿음이 충만한 가운데 자연스럽게 삶의 열매, 즉 성령의 열매가 비로소 생기게 되는 것입니다. 우리의 노력이 아닌 예수님이 십자가에서 흘리신 피의 능력으로 들어가는 것이 천국이라고 말하는 찬양 가사처럼(은혜로만 들어가네, 예수전도단) 주님에 대한 믿음과 주님이 주시는 은혜의 능력이 그 열쇠입니다. 이 부분은 믿음을 더 자라나게 하고는 싶은데 자신의 의지가 약하다고 생각하는 분들에 대해 안도의 소식일 수 있습니다.

그렇다면 이제 우리의 질문은 다른 각도로 옮겨갑니다. 믿음이 우리의 노력의 산물이 아니고 믿음의 결과가 삶의 열매라고 한다면 우리가 그 믿음을 자라나게 하는 방법은 도대체 무엇일까요? 저는 그 답을 한마디로 '하나님과 붙어 있는 삶'을 사는 것이라고 말씀드리고 싶습니다. 하나님은 포도나무의 비유를 통해 나무에 접붙어 있는 가지에 대해 말씀하십니다(요 15:4). 가지가 아무리 싹을 틔워 잎을 만들고 열매를 맺으려 한들 원래의 나무에서 떨어져 있다면 그것은 죽은 가지가 되고 맙니다. 우리의 믿음을 굳건히 하는 기본은 하나님의 말씀과 예배로 나와 하나님과의 관계를 명확하고도 인격적으로 만드는 데에 있습니다. 어떤 특별한 봉사나 드러나는 행동과 말보다 먼저 내 마음이 진실로 하나님께 붙어 있느냐 하는 것입니다.

그것은 마치 불법을 저지른 어느 청소년이 백 번의 봉사활동과 윤리교육을 받는 것보다 그의 부모님으로부터 한 번의 진실된 사랑을 느낄 때 그가 더이상 방황하지 않고 바르게 자라나는 것과 같습니다. 나와 하나님의 관계에서 작은 일에서부터 기도하고, 그 결과를 두고 묵상하고, 성경 중심으로 살기 위해 힘쓰면 됩니다. 그러다보면 하나님이 우리의 믿음을 보시고 가장 적당한 때에 우리가 기쁜 마음으로, 혹은 기꺼이 자원하는 마음으로 큰일을 감당하게 하시는 것을 봅니다.

한 단계 더 나아가보겠습니다. 그렇다면 하나님께 붙어 있는 삶, 작은 것에서부터 그 사랑을 느끼는 삶은 어떤 것일까요? 믿음을 가진 분들이라면 하나님의 사랑을 언제 느꼈는지, 각자 자신만의 스토리를 가지고 계실 것입니다. 하나님이 나의 모든 것을 아시고 나를 도와주심을 알 때 그분이 하늘에 계신 나의 아버지임을 알게 됩니다. 그때 내가 그분과 붙어 있을 수 있습니다. 누가 그렇게 하라고 하지 않아도 내 삶과 행동의 변화가 자연스럽게 나타날 수밖에 없는 것은 그 후의 일입니다.

믿는 분들에게는 바로 그러한 계기를 주십니다. 제 경우에도 예외는 아니었습니다. 제가 믿음을 가진 지 2년 후 그러니까 2002년의 일입니다. 제가 공부하던 학교의 박사 과정 3년 차에는 보통 논문 자격 시험(Comprehensive Examination)을 치릅니다. 그 학교는 그 시험을 통해 절반 정도의 박사 과정 학생을 엄격하게 불합격 처리합니다. 불합격한 학생들은 다른 학교로 떠나거나 다른 전공으로 바꾸어야 합니다. 머나먼 타지에서 몇 년을 공부하여 이 시험에 떨어진다면 그 몇 년의 수고를 시작부터 다시 해야 하는 것이어서 엄청난 부담과 두려움을 갖게 되는 시험입니다. 제 경우는 학사와 석사 학위와는 다른 전공으로 박사 학위 공부를 하고 있었기 때문에 그 부담이 몇 배로 다가왔습니다.

시험의 방식은 이렇습니다. 시험 기간은 약 7일인데 첫날 시험 담당 교수진으로부터 약 5,6 문항의 시험 질문을 받습니다. 그 며칠 동안 수험생은 전공 서적과 인터넷 등 가능한 모든 정보를 활용할 수 있습니다. 그 문제들은 정답이 있기도 하지만, 많은 경우 출제 교수들조차 정답을 알지 못하는, 그야말로 난제들을 주기도 합니다. 학생들이 어떻게 그 답에 접근하는지를 보려는 의도입니다. 다른 사람이 대신 문제를 푸는 것은 명백한 부정행위이고, 사실 그러려고 해도 그와 같은 수준의 사람이 없을뿐더러 나중에 일대일로 출제 교수와 구두 문답을 하기 때문에 자신의 아이디어가 아니면 금방 들통이 나게 되어 있어서 그와 같은 리스크를 시도할 수도 없는 일이었습니다. 그 7일은 학생 입장에서는 잠도 오지 않고 피를 말리는 기간이라고 할 수 있습니다. 그 시험이 있기 며칠 전에 믿음이 좋은 한 친구에게서 성경 한 구절을 건네받았습니다.

"두려워하지 말라 내가 너와 함께함이라 놀라지 말라 나는 네 하나님이 됨이라 내가 너를 굳세게 하리라 참으로 너를 도와주리라 참으로 나의 의로운 오른손으로 너를 붙들리라"(사 41:10).

힘이 되는 말씀임에 분명했습니다. 잘 보이도록 책상 위쪽 벽에 프린트를 해서 붙여놓았습니다. 드디어 며칠 후 시험이 시작되었습니다. 아침 일찍 학교에 가서 시험지를 받아 혼자 살고 있던 자취방으로 돌아왔습니다. 시험지를 찬찬히 읽어보니 머리가 하얘지고 입이 마르기 시작했습니다. 겨우 정신을 차리고 어떻게 문제를 해결해나갈 것인가 전체적인 스토리라인을 써내려가기 시작했습니다. 첫날에 풀어야겠다고 생각한 문제를 어느 정도 써내려간 다음 뒤늦게 잠자리에 들었습니다.

자는 둥 마는 둥 밤이 지나고 다음 날이 되었는데 어제 쓴 답안의 오류들이 보이기 시작했습니다. 귀중한 하루를 허비했고 다시 시작해야 한다는 느낌이 들 때 갑자기 절망과 불안 그리고 두려움이 밀려들기 시작했습니다. 마음을 가다듬기 위해 머리를 드니 그저께 붙여두었던 말씀이 보였습니다. 이상한 일이 일어났습니다. 아마 그 전에 열 번은 더 이 말씀을 보았을 텐데, 그 구절 중에 "두려워하지 말라"라는 부분이 마치 3차원 입체감이 있는 조각처럼 도드라지며 떠오르는 것 같은 느낌을 받았습니다. 제 시선이 그 "두려워하지 말라"는 부분에 고정되었습니다. 귀로 들리는 음성은 아니더라도 분명히 두려워하지 않아도 된다는 메시지를 저에게 강하게 주고 있는 것 같았습니다. 물 한 잔을 마시고 다시 답안을 써내려가기 시작했습니다.

그다음 날 아침에 일어나서 시작한 문항은 너무 새롭게 보이고 풀이 접근 방법 자체가 떠오르지 않았습니다. 다시 그 눈을 들어 이사야서 구절을 보았을 때 "놀라지 말라"는 부분이 마찬가지로 눈에 각인되었습니다. 내가 스스로 '놀라지 말아야겠다'고 하는 다짐이라기보다 '그렇지, 놀랄 것이 없지'라는 생각을 부어주는 다독임이었습니다. 그다음 날에도 이 많은 문헌과 씨름하며 느끼는 고독감과 '결국이 답안이 부족하면 어떻게 하지'라는 걱정이 마음속에 번지기 시작했습니다. 그때는 "너를 도와주리라", "너를 붙들리라"라는 부분의 말씀이 저에게 박혔습니다. 결국 시험 기간이 지나고 보니 제 답안 분량이 150페이지가 되었습니다. 책을 손수 제본하여 세 명의 출제 위원들에게 제출하였습니다. 그런 다음 거의 온종일을 잔 것 같습니다.

며칠 후 출제 위원과 단독으로 만나 답에 대해 구두 발표를 했고 결국 발표날이 되었습니다. 결과 발표는 이메일이나 문자 메시지로 주는 것이 아니라 학교 내 어떤 방에 세 명의 출제자가 나란히 앉아 있고 학생이 한 명씩 들어가 그 앞에 놓인 하나의 의자에 앉아 마치 법원에서 선고를 받듯 교수들의 심사를 듣고 결과를 대면하여 직접 듣는 방식이었습니다. 악명 높은 시험이자 결과 발표 방식이었습니다. 가장 잘한 사람을 제일 먼저 불러 그 방에 들어보내는 것이 전통이라는 말을 들었으므로 이번에 시험을 본 여덟 명 중에 네 번째로 불리면 정말 좋겠다고 생각했습니다. 학생들이 다 모이고 드디어 첫째 학생이 호명되었습니다. 내가 마지막으로 불리면 어떻게 하나 하는 염려가 다시 마음에 가득 찼습니다. 그때 마음에 "나의 의로운 오른손"이라는 말씀이 떠올랐습니다. 하나님이 하시는 일이라면 모든 일은 하나님의 의로움으로 결론이 날 것이라는 생각이 들었습니다. '결과가 어떻든 의로우신 하나님과 평생을 살겠습니다'라고 기도하니 마음이 놓였습니다.

그때였습니다. 누군가 제 이름을 불렀습니다. 분명 제 이름이 두 번째로 불렸습니다. 천천히 문을 열고 자리에 앉으니 첫 번째 심사위원이 제 답안 책자를 손에 들어 올리며 자신의 옆에 앉은 교수에게 말했습니다.

"Is it possible to write this much in 7 days?"

여러 문답 후에 결국 합격 고지를 받았습니다. 방에서 나와 다른 사람들이 다들 자리를 떠날 즈음 홀로 차가운 대리석 복도 바닥에 무릎을 꿇고 눈물의 감사기도를 드렸습니다. 그것은 저를 합격시켜 주신 하나님께 드린 감사의 기도이기도 했지만, 사실 그보다 더 기뻤던 것은 제가 힘들고 고독했던 그 시간에 하나님이 저에게 계속 말씀으로 위로하시고 보여주셨다는 그 사실, 즉 바로 내 곁에 하나님이 항상 임재해주셨다는(Immanuel) 것이 너무나 감격스러웠습니다.

핵심은 이것입니다. 하나님의 말씀과 사랑을 나의 삶 속에서 민감하게 보고 느끼고 믿으십시오. 그러면 믿음으로 세워진 내 안의 성전에 성령님이 거하시고 행하실 것입니다. 그렇게 될 때 일어나는 모든 일을 통해 나의 믿음이 더욱 굳건해집니다. 이러한 순환 작용이 넘어지기도 하는 우리를 일으켜 세웁니다. 오히려 우리가 스스로 만들어 내려는 의지가 약해질수록, 움켜쥐고 있는 우리의 보잘것없는 능력과 의지를 내려놓고 마음을 가난하게 할 때, 전적으로 하나님을 바라보는 우리의 순수한 모습을 보시고 하나님께서는 더 큰 일을 이루십니다.

1

믿음을 갖기 위해 노력했지만 내 계획과 마음대로 되어지지 않았던 적이
있었습니까? 그 경험을 다시 돌이켜볼 때 지금은 다른 마음이신가요? 그렇
다면 무엇이 달라졌습니까?

2

당신의 삶 속에서 하나님이 계심을 확인하고 믿음이 자라났던 경험이 있다
면 나누어보기 원합니다. 그와 같은 일이 계속 일어나고 있나요? 그렇지 않
다면 그 이유를 생각해보기 원합니다.

3

예수님은 산상수훈을 통해 마음이 가난한 자에게 복을 주신다고 말씀합니
다(마 5:3). 여기서 '가난'과 '복'의 의미는 무엇일까요? 당신의 상황에 비추어
생각해보면 어떨까요?

6장

교회의 의미

이 부분부터는 실생활에서 부딪치는 주제에 대해 좀 더 생각해보고자 합니다. 믿음을 갖기 전의 제 경우에도 해당합니다만 믿음생활 혹은 신앙생활이라는 것이 타인에게 피해나 부담을 주어서는 안 되고 나 자신에게 족쇄와 같은 것이 되어서도 안 된다는 생각이 있었습니다. 주일 아침 예배 이외에 자주 교회에 나가 예배를 드리고 사람들과 교제하는 분들을 보면 종교에 빠져서 절제하지 못하는 사람처럼 보이기도 했습니다. 인적이 없는 깊은 사찰이나, 가정을 갖지 않으면서 남다른 생활방식으로 자신의 도를 닦고 참선하여 수양하는 타 종교인들의 모습은 특별한 무언가 있는 것 같지만, 이리저리 전도나 선교를 하며 말을 많이 하는 개신교 사람들을 보면 별로 좋아 보이지 않았습니다. 교회를 다닐 거면 나름대로 조용한 곳에서 성경을 읽고 종교 지식 쌓는 것이 맞지 않나 하는 의구심도 들었습니다. 지금도 많은 분들이 일부 현대 교회가 갖는 불법이나 부조리 그리고 기독교의 전도와 선교 방법에 대해 비판하는 것을 간혹 보게 됩니다.

몇 년 전에 코미디 방송 프로그램에서 몇몇 종교인들의 특징을 우스꽝스럽게 부각해서 웃음을 만든 코너가 있었습니다. 틀림없이 교회 다니는 사람들을 그린 것 같은 장면에서 성경을 손에 든 노부부가 나와 전혀 웃을 수 없는 상황에서 계속 웃는 얼굴로 "믿습니까, 믿습니까"라고 하는 모습이 그려졌습니다. 저도 그 프로그램을 보며 웃고 지나갔습니다만 아마도 믿지 않는 분들이 보시기에는 교회 다니는 사람들의 모습이 이렇게 약간 현실과 동떨어진 사고를 가지고 있으며 항상 실없이 웃고 다니면서 이른바 오지랖이 넓어서 사람들과 말하는 것을 좋아하고 부담스럽게 전도하는 사람들처럼 보이는 것 같습니다.

지금 신앙을 가진 상황에서 그 이해의 각도가 달라졌지만 저는 여전히 그 묘사가 일리가 있다고 봅니다. 즉, 하나님은 사람을 창조하실 때 우리와 교제하고자 하셨고 사람들 간에 서로 사랑하고 소통하기를 원하셨습니다. 창세기에서 그분은 사람을 지으시고 가장 기뻐하셨고, 그의 형상(Image)과 모양(Likeness)을 따라 인간을 만들었다고 하셨고, 아담이 세상을 다스리게 하셨으며, 그가 만물의 이름을 어떻게 짓는지도 기대하셨으며, 사람이 외로울까 하여 배필을 만들어주셨습니다. 그러므로 이것을 믿는 크리스천들은 이웃과의 사귐과 참여와 활동을 중요시합니다. 예수님도 하나님을 사랑하고 이웃을 사랑하라는 계명을 가장 중요하게 주셨습니다. 참선을 통해 자신을 발견하고 수양하여 속세와의 인연을 멀리하라 하지 않으셨습니다. 오히려 내가 함께하리니 가서 전하고 새로운 제자를 만들라 하셨고 그 모두를 사랑으로 하라 하셨습니다. 예수님의 사랑과 구원을 받은 자로서 우리는 웃지 않을 수 없습니다.

매주의 예배는 돌아가신 예수에 대한 제사가 아니라 부활하시고 우리를 구원하신 그분에 대한 축제입니다. 하기 싫지만 교리가 그러하므로 나가서 포교하는 것이 아니고 받은 그 사랑이 너무 크고 구원의 기쁨이 너무 넘쳐서 우리는 복음을 말하지 않고는 참을 수 없는 사람들인 것입니다. 교회에 모인 사람들과 서로 격려하고 기도하며 서로의 사랑을 확증하고 더 큰 일을 해나갑니다. 그것이 교회 공동체를 이루는 의미일 것입니다. 초대 교회가 마가의 다락방에 성령의 오심으로부터 시작하여 로마시대의 지하 카타콤의 환난을 극복하고 지금도 핍박이 심한 많은 국가의 지하교회에 이르기까지 내려온 것을 보면 그들이 몇몇의 선구자적인 현인, 성자, 사상가에 의해 이어져 온 것이 아니라 크리스천의 함께하는 믿음과 사랑의 공동체의 모습으로 그 믿음의 면면이 이어져 온 것을 봅니다.

그런 면에서 교회의 의미에 대하여 하나님과의 인격적 관계를 만들어가는 데 큰 도움이 되는 교회 소모임의 관점에서 제 이야기를 조금 더 해보겠습니다. 저도 유학생활 중에 만난 하나님을 공동체들 안에서 더욱 알아갈 수 있었습니다. 저는 학생의 신분이었지만, 함께 성경을 보며 모든 생활을 나누었던 분들 중에는 제가 다닌 학교의 교수님, 그 도시에서 가장 큰 회사들의 중역이나 성공한 사업체의 사장들도 있었습니다. 하지만 미국에 도착한 지 오랜 세월 동안 신분 문제를 해결하지 못하고 불법체류 중인 분도 있고, 일당을 받으며 식료품점원이나 미화원으로 생활을 이어가시는 분들도 여럿 계셨습니다.

특별히 저는 그렇게 힘든 삶을 살아가는 분들 중 어느 한 분으로부터 많은 배움과 감명을 받았습니다. 그 분은 수줍음이 많고 겸손한 분이셨으나 함께했던 찬양 모임의 부팀장으로 섬기시면서 생활에서의 영성과 말씀 증거로 주위 젊은이들에게 좋은 본이 되어주셨습니다. 사실 처음에 저에게 이러한 모임은 상당한 문화 충격이었습니다. 이렇게 사회적 위치와 상관없이 리더를 하고, 그보다 나은 위치의 분들이 그를 따르며, 모인 분들 하나하나가 그들의 진실한 모습과 스토리를 나누고, 서로를 위해 진심으로 기도해주며 매주 말씀을 지켜가는 모임이 어디에 있을 수 있을까 하는 생각이 들었습니다. 한국처럼 체면과 이른바 수준이 맞는 모임을 중요시하는 문화에 익숙한 사람들에게는 건강한 교회 공동체를 제외하고는 만나기 힘든 모임이었습니다.

그 분들 중에 한국이나 미국에서도 일자리가 그리 많지 않은 항공공학을 전공하신 어느 형제님이 계셨습니다. 박사 과정 마지막 즈음에 미국 경제와 안보 문제로 연구실 펀딩과 학비 보조가 끊기고 취업 상황이 나빠지며, 이 전공으로는 미국 내 취업에 필수인 영주권이나 시민권이 힘들어지는 상황에 처하게 되었습니다. 그분이 어느 날 성경공부 중 나눔 시간에 고백한 한마디의 말이 지금도 기억에 남습니다.

"이제 제가 할 수 있는 일이 없습니다. 그렇지만 막다른 곳에서 하나님이 앞으로 저에게 하실 일이 너무나 기대됩니다."

어린 세 딸의 아빠였던 그 분의 얼굴에 보였던 진심 어린 미소도 잊을 수가 없습니다.

제가 첫 직장생활과 소모임 리더를 하게 된 피닉스에서도 믿음의 공동체 안에서 받은 은혜와 축복이 정말 많았습니다. 그 모임에서 교회 음악을 전공하던 한 부부는 축복 속에 쌍둥이를 임신하게 되었는데 산달이 되지 않았는데 상태가 급격히 나빠져서 헬리콥터로 긴급하게 응급실로 이송되는 일이 있었습니다. 저희 부부는 서둘러 그 분들을 찾아뵙고 두 손을 잡고 눈물의 기도를 올려드렸습니다.

"하나님, 제가 가진 겨자씨와 같은 믿음까지 모두 모아 기도드립니다. 부디 이 아기들과 어머니를 살려주시고 기적적으로 건강하게 하여 지켜주옵소서!"

몇 년이 지난 후에도 그 쌍둥이의 아빠는 이 기도를 기억하고 있었습니다. 그 시절의 힘듦보다 그때를 함께했던 하나님과 이웃의 기도가 더 기억에 남는다고 했습니다.

시애틀에서 살았을 때 만난 교회 소모임 식구들은 대부분 이른바 1.5세라고 부르는 어려서 미국으로 온 분들이었고 한국어보다 영어가 편한 분들이었습니다. 그 분들은 이 소모임을 통해 믿음으로 연결되어 한국인과 미국인 사이에서의 정체성을 교회 공동체 안에서 확인하고 자신이 맡은 자리에서 최선을 다하는 자랑스러운 크리스천들이었습니다. 직장이나 놀이 모임과 같은 업무적이거나 표면적인 관계가 아닌, 서로 진솔한 대화로 함께하는 기도를 통해서 때로는 친구처럼 때로는 동역자로 맑은 영이 맞닿아 있는 분들이었습니다. 신앙에서나 서로 간의 관계에 있어서도 진실되고 순수하며 정이 많았습니다. 저희 가정에 둘째 서준이가 태어날 때 그 분들이 준비한 베이비 샤워

파티와 축하 비디오 클립을 잊을 수 없습니다. 몇 년간 직장을 잃고 재취업을 위해 기도하며 여리고 성 주위를 돌았던 이스라엘 민족처럼 소원하는 회사 건물의 주위를 기도하며 걸었다는 분의 얘기를 들으며 함께 눈물 흘리며 중보하였습니다. 제가 다시 미국으로 돌아갔을 때 그분들을 다시 찾아뵈었고 마치 어제 헤어진 사람들처럼 서로 반가워했습니다.

　한국에서도 믿음의 모임은 계속되었습니다. 제가 타지에서 신앙생활을 해서인지 오히려 한국에서 제가 접한 소모임은 약간 낯설었습니다. 바쁘고 각박해져가는 사회 분위기의 영향인지는 모르겠지만 자신의 이야기를 진실되게 나누는 것도 적었고 매주 만남의 시간도 짧은 편이었던 것 같습니다. 그러나 그 모임의 멘토이셨던 장로님의 도움으로 차차 이 모임에서 사랑과 믿음이 깊어짐을 느꼈습니다. 저부터 더 솔직한 나눔을 갖자고 생각하였고 다른 분들도 함께 기도함을 힘쓰면서 몇 년 후에는 교회 내에 소문난 사랑방이 되었습니다. 서로 은혜와 눈물로 했던 기도와 감사 제목이 충만한 모임이었습니다.

　몇 년 사이에 어떤 가정에는 의료 사업체 내의 법적인 문제로 힘든 일이 있기도 했고, 양계 사업을 하시는 분은 AI를 만나 어려움을 겪으시기도 했으며, 회사원으로서 퇴직 후 창업의 분주함과 불안을 극복하신 분도 계셨습니다. 제 경우에도 미국에서 활동하다가 한국으로 귀국한 직장인으로서 한국에서의 가족들의 적응 문제나 40대 중반의 나이로 다시 미국으로 돌아갈 즈음에 맞는 자리를 구하는 것 자체가 쉽지 않은 일이었습니다. 이때마다 사랑방 식구들이 함께할 때 체험하는 중보 기도의 힘을 보았습니다(마 18:19). 때로는 허락하시기도 하고, 기다리라고 하기도 하고, 더 나은 지혜를 주시기도 하는 하나님께 감사의 기도를 드리는 것이 이 모임 안에 끊이지 않았습니다. 심지어 저희가 미국으로 돌아가는 것을 두고 기도하던 때에 그분들이 사진을 놓고 함께 기도해주신 태평양 건너의 바로 그 집에서 결국 살게 되는 상세함까지 기도 응답에 있었습니다. 우리 부부는 전원 속에 있는 지금의 이 집을 그 사랑방 분들의 산장으로 생각하고 관리하며 그 분들의 방문을 기다리는 중입니다.

우리의 보잘것없고 불완전하며 죄에 갇힌 생각 안에서 갖게 되는 인간적 목표를 이루기 위한 기도를 드리는 것이 아니라 단지 그분이 함께해주심과 그 응답에 대한 우리의 순종을 위해 기도하게 됩니다. 그 응답이 비록 어떤 것이 되었든 결국 우리의 삶이 온전하고 평온하며 더 궁극적인 것이 이루어질 것이라는 원리를 이 이웃과의 사랑과 믿음의 모임을 통해 증명하게 되는 것입니다.

신앙생활은 혼자서 도를 깨우치는 것이 아닙니다. 참선으로 도를 알게 된 느낌을 가진들 그것은 영혼의 변화와 구원이 아닌 피상적인 지식의 축적일 뿐입니다. 세상의 이치에 대해 알 수는 있어도 하늘의 진리에 대해서는 피조물인 인간 스스로 알 수 없습니다. 세상의 빛과 소금이 되는 삶의 변화를 경험하지 못합니다. 현재의 메마르고 개인화된 사회에서 역설적으로 교회 공동체는 더욱 필요합니다. 세상의 풍조는, 우리는 혼자 밥을 먹어도 좋고 혼자 살아도 좋으며 남이 어떻든 내 식대로 살면 좋다고 합니다. 그러나 우리에게 필요한 것은 관계입니다. 아무리 출세를 하고 부를 가져도 진정성을 가지고 나와 함께 울고 웃어줄 이웃과 가족이 없으면 혼자서 자축하는 파티가 무슨 의미가 있겠습니까. 남들이 말하듯 아프고 힘들고 외로울 때 이를 악물고 혼자 이겨내는 것이 인생이라고 믿는다면 이제부터는 굳이 그렇게 하지 않아도 됩니다.

혼자 있기 좋아하는 사람은 다른 사람들과 교제함에서 오는 행복을 잊고 삽니다. 관계적 그룹에 쉽게 들어갈 수도 없고 그러려고 하는 의지도 약해집니다. 자신이 누리는 관계 영역이 점차 좁아집니다. 그들은 자유롭게 산다고 말하지만 그들이 자유롭다고 하는 그 공간이 점차 작아집니다. 진정한 자유란 내가 아무렇게나 살아서 얻어지는 것이 아닙니다. 내가 하고 싶은 일을 할 수 있는 능력이 있고, 내가 속하고 싶은 관계에 들어갈 수 있는 넓혀진 관계성의 상태가 적극적인 의미의 자유입니다. 교회가 답답하다고 혹은 답답할 것 같다고 느껴지신다면 그 믿음의 공동체를 진정으로 알지 못하기 때문입니다. 어느 다른 관계에서도 느낄 수 없는 평등, 자유, 진리, 은혜 그리고 기쁨이 그 안에 있습니다. 그것을 만드는 것은 나의 노력이 아닙니다. 하나님께서 당신의 믿음을 통해 당신을 위해 그 생명의 관계성을 만들어주실 것입니다.

1

타 종교의 인간과 우주 등에 대한 명상, 참선, 수행의 책이나 메시지를 들어 본 적이 있으신가요? 하나님의 말씀과 다른 점이 있었습니까?

2

당신이 교회 공동체에 대해 기대하는 것이 있습니까? 그 곳의 구성원으로서 당신이 소속되게 된다면 당신이 기대하는 것을 어떻게 만들어가시겠습니까?

3

진정한 자유란 무엇일까요? 특히 관계적 측면에서 그것은 사람들과의 관계가 끊어진 상태입니까, 아니면 건강하게 강화된 상태입니까?

부패한 교회, 분쟁의 교회,
부도덕한 성직자와 성도 등 부조리에 대해

신문 보도나 주위에서 들리는 소문과 사실 관계에 근거해서 조금만
더 깊이 들어가면 일부 교회에 대한 실망스럽고 추악한 부분이 많이
보입니다. 교회의 자산에 대한 탐욕과 불법, 교회 신자 간의 불법적이
고 부도덕한 행위, 성적인 문란과 사회적 물의를 빚는 성직자들의 모
습 같은 것이 그렇습니다. 이런 모습들은 이미 교회 내에 있는 크리스
천들에게 불편한 것일 뿐 아니라 무엇보다도 새롭게 복음을 전해 듣
고 교회를 통해 그것을 알고자 하는 사람들에게는 커다란 장애물일
것입니다.

그리고 이 땅에 교회는 왜 이렇게 불필요하게 많을까요? 어느 주위
분들은 신학대학이 너무 많고 세법상 면세가 되니 그것도 교회의 난
립을 부추긴다고 말하는 것을 들었습니다. 운영 면에서도 재정적 소
스로서 성도를 모집하는 모양새나 헌금 사용에 있어서의 법적 투명성
에 대해 다른 세속적인 단체나 기업들과 다를 바가 없는 모습이 보입
니다. 세상과 구별되고 성결하자는 표어를 무색하게 하는 행태에 더
욱 실망스럽다는 생각을 저 역시 많이 했습니다.

먼저 이 땅에 왜 이렇게 수많은 교회가 생기고 있는지에 대해 신앙

의 관점에서 생각해보고자 합니다. 지금은 선교사로 파송된 어느 선배님과 학창 시절에 나누었던 물음이기도 합니다. 하나님이 계신다면 하나님의 말씀에 누가 되는 모습들의 교회를 포함해서 왜 이렇게 많은 교회가 생겨야 했고 그것을 왜 허락하셨는지에 대한 질문입니다. 어느 가톨릭 신자가 그러시더군요. "교회나 성당이나 다들 신앙을 구실로 자기 밥그릇 챙기는 것은 마찬가지다. 산만한 교회의 부작용을 보면 차라리 중앙에서 지역별로 할당하고 관리하는 성당 체계가 나은 것 같다"라고 말입니다. 조직 운영적 측면에서는 맞는 말씀입니다. 글로벌 기업의 물동 재무 체계에 대한 업무를 담당했던 제가 볼 때에도, 중앙 컨트롤 타워가 있는 대기업의 경우 그 영업 조직의 관리에 있어서는 더욱 그렇습니다. 동서양식 기업 문화를 모두 보더라도 중앙의 기능과 분권적 기능을 나누고 전체 활동 효율을 극대화하는 것이 보통입니다.

　그러나 교회의 본질을 본다면 얘기가 달라집니다. 교회는 건물이나 행정적 조직이 아니고 믿는 자들의 모임이자 관계입니다. 법인적 관점의 교회라는 것은 그 관계적 모임의 사회적인 위치를 보조하기 위한 개념일 뿐입니다. 교회의 머리 되시는 예수님은 그 조직의 법률적 대표가 아닙니다. 예수님은 초기 제자들이 바랐을지도 모를 이른바 법적인 단체나 조직 관리 측면에서 교회를 바라보신 적이 없습니다. 글로벌 조직을 만들어 최종적 기업적 가치, 이른바 KPI(Key Performance Indicator) 관점에서 수익률이나 고객 만족 지수 등을 이루는 것이 목표가 아니었습니다. 그보다는 단 하나의 믿는 영혼에게 복음을 전하여 구원할 수 있을까 하는 목적을 갖고 계셨습니다. 잃어버린 한 마리의 양을 구하기 위해, 그 당시 신분이 미천하였던 사마리아 여인에게도 복음과 진리를 전하려는 인격적인 접근을 하셨습니다. 하나님과 믿는 자의 연계는 지극히 개인적이고 인격적인 관계입니다.

그런 관점에서 이 많은 크고 작은 교회가 왜 필요할까 생각해보면 이해되는 점이 있습니다. 현대와 같이 엄청난 인구와 다양한 사상과 문화, 개성이 존재하는 세계에서 그들의 상황과 관점에 맞는 계기를 만들어 하나님께 다가가도록 하기 위해서는 하나의 프로토콜(Protocol)로는 그 은혜를 최대로 전해주기 힘들지도 모릅니다. 산간벽지에 사는 분들에게도 복음은 필요합니다. 자신의 집에서 10분 정도 떨어진 교회도 너무 멀다고 가기를 꺼릴 분들도 있을 것입니다. 제가 사는 포틀랜드와 같이 자유분방한 문화에 어울릴 만한 열린 예배 중심의 침례교회도 있고, 지금 제가 이 글을 쓰고 있는 맥도널드 식당 맞은편에서 기도 소모임을 하고 계신 백인 할머니들이 갈 만한 루터교회도 있을 수 있습니다. 하나님께서는 우리가 그분을 접하고 따르게만 할 수 있다면 술집도 낮에는 교회로 바꾸시고 LA 할리우드 한복판 광장에서도 예배하고 세례를 주도록 만드시는 분입니다.[3] 상황과 시간과 장소에 상관없이 적극적으로 당신에게 손을 내미시는 분입니다.

---

3   모자이크교회 (www.mosaic.org)

한 영혼을 구하기 위해 여러 개의 교회를 세우실 수도 있습니다. 우리 옆 마을에도 믿지 않는 분이 계시지만 지구 반대편에 있는 미전도 지역에 보내기 위해 믿는 자들을 훈련받게 하시고 움직이게 하십니다. 낭비 같습니까? 효율적이지 않다고 느껴지시나요? 경영 최적화를 위한 빅데이터 분석을 업으로 하는 제 입장에서 보면 누구보다 저에게 그와 같은 생각이 들지 않을까요? 그러나 그리도 힘들게 비효율적인 방법으로 만나서 천국의 소망을 받게 되는 바로 그 한 사람이 어쩌면 당신일 수도 있습니다. 제가 하나님과 믿는 자들을 마음으로 핍박하고 나는 절대로 저렇게 살지 않겠다고 했을 때, 하나님께서 효율적인 결정에 따라 좀 더 손쉽게 전도할 수 있는 영혼으로 그의 사랑을 옮기셨다면 지금의 제 모습은 결코 없었을 것입니다.

교회의 수가 많음이 이해되더라도 이러한 교회의 다양성이 교회 간의 분쟁이나 부패를 정당화할 수는 없을 것입니다. 법적으로 문제가 되는 부분이 드러났다면 그것은 사실일 것이고 사회의 지탄을 받아야 할 것입니다. 사회의 일원으로 살아가는 교회 공동체도 그 법을 거스를 수는 없습니다. 성경도 준법에 대한 부분을 중요하게 말씀합니다(롬 13:1). 제가 강조하고자 하는 것은 그것이 잘못이냐 아니냐보다는 그 사실 관계 안에서 우리가 무엇을 얻어야 할 것인가 하는 것입니다. 내 영혼의 평강과 구원이 나와는 상관없는 옆 동네 대형 교회의 불법과 부도덕한 행위 때문에 어째서 약해지고 하나님과 교회의 의미에 대해 시험을 받아야 하는 것입니까? 그것은 하나님께서도 원하는 일이 아닐 것입니다.

하나님께서는 세상에 우리가 은혜를 받고 구원을 얻을 충분한 계기도 만드셨지만 반대로 우리의 마음이 건조해질 때 얼마든지 합리적인 이유로 등을 돌릴 수 있는 유혹도 허락하셨습니다. 그것은 하나님의 창세 때 에덴동산에 뱀을 허락하신 것과 같습니다. 예수님도 비유로 말씀하시길 곡식 사이에 가라지와 같은 잡초를 제하지 않는 이유는 좋은 곡식이 그로 인해 다칠까 염려하기 때문이라고 하셨습니다(마 13:29). 이 원리는 앞으로도 계속될 것이고 우리를 부단히 시험할 것입니다. 사람의 죄가 만든 '현상'을 통해 나의 소중한 복음과 구원이라는 '영원'의 문제가 방해받는다면 그것은 나 스스로의 시험이고 손해일 뿐이라는 것입니다. 우리가 환난이 닥친 교회 안에 있을 수도 있고 그 주위에서 그들을 비난할 선택을 할 수도 있는 자리에 있을 수도 있을 것입니다. 하나님은 그 상황에서 우리에게 물어보십니다. "영적으로 깨어 있어서 무엇이 악한 것인지 구분할 수 있겠는가?", "다른 사람들을 정죄하는 죄를 범할 것인가?", "이와 같은 어려움 속에서 네 믿음을 지키고 더욱 성장할 수 있겠는가?"와 같은 질문이 그것입니다.

제가 예전에 출석하던 한 교회가 있었습니다. 수년간 진실로 많은 은혜를 받고 좋은 이웃들과 생활했습니다. 그러던 교회가 새로 부임한 부목사님을 둘러싼 여러 일들로 의견이 갈리고 갈등이 시작되었습니다. 그 한 분이 잘했다 잘못했다의 문제가 아니고 제가 보기에는 그 논의의 사안을 넘어선 수많은 인간적인 판단이 연계되며 갈등의 골이 깊어졌던 것 같습니다. 부목사님은 새로 교회를 개척하게 되었고 그 교회에서조차 재정적인 부분을 둘러싸고 필요 이상의 논쟁이 있어 신도들이 반목하게 되었습니다. 다시 교회가 나뉘었고 결국 모교회와 두 개의 작은 교회가 한 지역사회에 존재하게 되었습니다. 그 일을 통해 성도가 나뉘고 어느 분들은 염증을 느껴서 아예 제3의 교회, 이민교회가 아닌 현지 미국 교회로 가시는 분도 있었습니다. 몇몇 분은 교회에서 멀어져 신앙생활 자체가 약해지기도 한 것 같습니다.

10년 이상의 시간이 흐른 지금 저는 직장 관계로 그 지역을 떠나 다른 곳에 와 있습니다. 지금 그때를 되돌아보면 그때의 의미로 남는 것은 누구의 잘잘못이나 갈등의 원인과 같은 것이 아닙니다. 그렇게 치열하게 싸우고 갈라섰던 그들이 논쟁했던 주제가 무엇이었는지도 이제는 잘 생각나지 않습니다. 결국 어느 편이 더 성도 수가 많은 교회를 세우고 잘 지내고 있는지, 그 목사나 교회 중직들이 신분이나 평판 면에서 어떻게 되었는지 지금 와서 그것이 중요한 것도 아닙니다. 누가 옳았든 그릇되었든 공의의 하나님께서 그 모임의 흥망과 심지어 사법적인 결과까지 모두 열매 맺게 해주실 것입니다.

중요한 것은 그들이 그 환난을 통해 결국 하나님과 더 깊고 가까운 관계를 갖게 되었는가, 더 성숙하게 되었는가 하는 것입니다. 그 힘든 시간 동안에도 묵묵히 자신의 사업을 돌보며, 어느 교회든 자신의 교회에 봉사하고, 사람을 해치는 소문에 둔감하며, 예배를 바로 세우는 데 힘쓴 분들이 계십니다. 그 분들에게는 이 일이 믿음을 정금과 같이 세우는 계기가 되었을 것입니다. 그렇지 않고 가십을 만들고 자기 자신을 찌르는 분노와 정죄의 길로 나아간 분들은 그와 같은 사건들 때문에 이렇게 되었다고 원망하고 계실지 모르지만 결국 누구도 아닌 자기 자신에게 해가 되는 불신앙의 모습으로 변한 것이 그의 현실입니다.

우리 주변에 보이는 교회의 문제들은 하나님의 영적인 관점에서 진흙 속에서도 진주를 발견하고, 참된 뜻을 찾아 자신의 믿음을 성장시키고, 다른 분들에게 선한 영향력을 주는 계기를 주신 것으로 생각해야 한다고 봅니다. 그 일을 통해 저희 부부에게 지금까지도 미안해하시는 교회 내의 믿음의 선배들이 있습니다. 젊은 우리 가정에게 좋지 않은 모습으로 좋지 않은 영향을 주었다고 생각하시는 것 같습니다. 그 분은 이제 다른 교회에서 그 경험을 바탕으로 더 건강한 교회를 세우고 계시는 장로님이 되셨고, 저 역시 그 일을 통해 목격하고 기도하며 묵상했던 것을 통해 그러한 교회 내의 세속적인 요소가 오히려 우리를 어떻게 강건하게 할 수 있는지를 알았습니다.

교회는 완전무결한 무균실과 같은 공간이 아닙니다. 치유를 받고자 아픈 사람들이 모여 있는 병원과 같은 곳입니다. 건강하지 못한 것을 자각하고 병원을 찾은 환자들은 내가 아픈지도 모르고 죽어가는 사람들보다 다행인 사람들입니다. 비록 환자들이 가진 병원균으로 인해 더 많은 질병을 목격하게 되는 곳일 수도 있지만, 병원은 환자가 아픈 곳을 숨기지 않고 내어놓을 때 치유를 받을 수 있는 유일한 곳입니다. 바울이 초대 교회 시절에 수많은 성경 서신서를 통해 교회의 불신앙과 부패와 잘못된 행위를 경고하고 그를 통해 성도들이 회개하여 더욱 성장하기를 당부하고 있듯이 말입니다. 그래서 저는 그 사건들을 지나온 시간에 오히려 감사합니다. 그 장로님께도 항상 응원을 드리고 그 분을 통해 하나님의 은혜를 받으시는 그 교회의 성도님들을 위해서 기도합니다.

"너희는 이전 일을 기억하지 말며 옛날 일을 생각하지 말라 보라 내가 새 일을 행하리니 이제 나타낼 것이라"(사 43:18,19).

1

교회의 타락을 보며 어떤 생각이 드시나요? 하나님의 나라가 위축되고 있
다고 느끼십니까? 아니면 타락과 비리가 많은 현대를 사는 우리에게 하나
님께서 주는 메시지가 있을까요?

2

혼탁하고 유혹이 많은 이 세상 속에서 당신이 자신의 믿음을 위해 해야 할
일과 가져야 할 마음은 무엇일까요?

3

이제 믿음을 시작하려는 분들께 현대 교회의 모습에 대해 당신은 어떤 말
을 들려주며 어떤 모습을 보여주고 싶습니까? 믿는 자들은 어디에서 희망
을 찾아야 할까요?

교회는 정직하고 성실한 사람들을
죄의식과 계급성을 통해 억압한다

교회에 출석하고 성경을 읽게 되면 가장 많이 접하게 되는 단어 중 하나가 '죄'일 것입니다. 특별히 비난받을 죄를 짓고 살지 않았더라도 교회에서는 우리가 모두 죄인이라고 합니다. 창세에 아담으로부터 생긴 원죄에 대해 말하기도 합니다. 평소에 별로 의식하고 살지 않던 죄의식을 불러오는 것 같습니다. 그리고는 그것이 중요하다고 하고 낮아지라고 합니다. 심지어 벌레 같은 나를 위해 십자가에 돌아가신 예수님이라는 가사의 찬송을 부르기도 합니다.

물론 사람은 겸손하게 사는 것이 미덕입니다. 그러나 자기 비하나 학대에 가까운 말을 듣는 것은 지나치다는 생각이 듭니다. 더욱이 선량하게 사는 사람들에게 죄의식을 통해 교회에 들어오게 하는 것이 마치 사람을 불러모으기 위한 수단처럼 느껴집니다. 내가 사회에서 가진 위치가 있는데, 처음 보는 사람들이 선배처럼, 혹은 선생님처럼 말하고 교회에 처음 온 사람들에게 기초적인 교리로 공부시키고 초등학생 취급을 합니다. 굳이 내가 왜 이런 감정적 고통을 자진해서 받아야 하는가 하는 생각이 들기도 하고 자존심이 상하기도 합니다.

혹시 위의 내용이 지금 자신의 마음과 비슷한 부분이 있으신가요?

어쩌면 교회에 나오길 바라며 당신이 기도하고 있는 그 지인 분의 마음이 이와 같을 수도 있습니다. 세상에서 쌓은 것이 많은 분일수록 이와 같은 반감이 클 수 있습니다. 사회에서 힘든 일을 많이 접한 분들과 마음에 상처가 많으신 분들도 이 부분이 불편할 수 있습니다. 아직 믿음이 자리잡기 전에 바라보는 교회는 영적인 공간으로 느껴지기 이전에 사람들이 모인 장소로만 느껴지게 마련이므로 이와 같은 시각이 이해가 됩니다. 저도 믿음생활을 시작해서 교회의 의미를 알게 되기 전까지 그와 같은 마음이 있었으니까요.

기본적으로 믿음은 나와 이웃을 정죄하는 것이 목적이 아닙니다. 당신이 죄 있는 자이기 때문에 그에 대한 벌로 교회에 나와야 하는 것이 아니라, 당신이 자각하든 하지 못하든 간에 죄를 가지고 있을 수밖에 없는 인간이기에 창조 때의 원 모습을 되찾고자 교회에 나오는 것입니다. 왜 인간은 그 원래의 모습을 잃어버리고 절대적인 행복을 누리지 못하며 불안정한 감정과 이해할 수 없는 상황과 견디기 힘든 고난에 휩싸여 살 수밖에 없는 것일까요? 성경에서는 그 이유를 우리의 죄 때문이라고 합니다. 절대 악이 주는 유혹과 시험에 넘어지는 것은 우리 안에 죄성이 있기 때문입니다. 우리가 그리스도를 믿을 때 그분은 우리가 죄를 사함 받은 의인이라는 일컬음을 받게 해주십니다.

비유하자면 당신이 병에 걸린 이유가 당신의 잘못에 기인할 수도 있고 그렇지 않을 수도 있습니다. 당신이 찾아간 의사는 병에 걸린 당신을 비난하지 않습니다. 그보다는 왜 병에 걸리게 되었는지, 어떻게 하면 나을 수 있는지에 대해 말해주고 도와줍니다. 나는 원래 병에 걸리지 않는 사람이라고 하는 분들이 큰 병을 키우는 경우를 봅니다. "병원이 무슨 쓸모가 있어", "병원에 가면 환자 취급, 바보 취급하지"라고 하면 안 되겠지요. 병원이 당신에게 해줄 수 있는 일을 인정하고 의지하여 자신의 시간과 노력을 들여 그곳에 가야 합니다. 그러니 환자가 자신의 몸에 문제가 있다는 것을 알아야 하는 것처럼 우리는 먼저 왜 믿음이 필요한지, 왜 죄에 대한 자각이 필요한지에 대해 알 필요가 있습니다.

이 책의 1장 '믿음의 필요'에서 말씀드린 것과 같이 우리에게는 우리 삶의 궁극적인 의미와 지향점을 정하고 그것이 내 삶에 실현되도록 하기 위해 믿음이 필요합니다. 즉, 하나님이 주시는 진리와 영생을 알기 위해 귀를 열어 들어야 하며(롬 10:17) 그 들음의 장소로 교회 예배, 그리고 사랑의 만남과 실천을 위해 교회 소모임이 반드시 필요한 것입니다. 당신에게 맞는, 그리고 사랑이 많은 교회를 찾기 위해 시간을 들이셔야 합니다.

저는 학업과 직업 관계로 지금까지 다섯 차례에 걸쳐 전혀 다른 회사와 완전히 새로운 도시생활을 했습니다. 미국 동남부의 아름답고 고즈넉한 애틀랜타에 있던 학교에서 유학생활을 하였고, 미국 서남부의 작렬하는 태양 아래 휴양도시 피닉스에 있던 인텔, 미국 서북부의 낭만적인 시애틀 도심 한가운데 있던 아마존, 정겹고 바쁜 서울과 수원에서의 자랑스런 우리나라 회사 삼성, 지금의 친근하고 포근한 포틀랜드의 나이키에 이르기까지 환경과 일이 많이 다른 생활을 했습니다. 또 그만큼 여러 교회를 경험해보았습니다.

하지만 새로운 교회에 나갈 때마다 공통적으로 항상 가장 먼저 시작하는 것이 새가족반입니다. 새가족반이란 교회 소개 및 기본적으로 신앙의 핵심 내용을 배우는 모임입니다. 제가 지금까지 어떤 믿음을 가지고 살았는지, 교회 내에서 어떤 위치였든지 간에 이를 통해 교회생활을 시작하는 것입니다. 하나님을 영접하고 믿은 지 20년이 지났고 여러 과정들을 거쳤지만 작년에 저는 새가족반을 다시 들었습니다. 또한 성경공부 과정을 통해 얼마나 크고 새로운 감동과 은혜가 있었는지 모릅니다.

사회에서는 특별한 경우를 제외하곤 어떤 회사도 이전 회사에서 부장으로 있었던 사람을 사원급으로 시작하게 하지 않습니다. 그러나 교회에서는 앞서 얘기한 것처럼 하는 것이 보통입니다. 그 이유는 믿음이라는 것이 사회에서 말하는 지위나 계급과는 본질적으로 다르기 때문이고, 그 배움이라는 것은 지식이 아니고 살아나가는 삶 그 자체이기 때문입니다. 즉, 믿음은 조직적인 관점이나 경쟁적인 상황을 바라보고 노력하는 사회적 성취가 아니라 하나님이 주시는 복음과 사랑을 바라보고 실천하는 개인적인 변화가 그 목적이기 때문입니다. 그렇기 때문에 나의 나이와 시간과 장소와 상황이 다르다면 하나님이 주시는 살아 숨쉬는 메시지는 완전히 새롭고 다르게 다가올 수밖에 없습니다.

만일 어떤 교회에서 만나는 분들로부터 사회에서와 같은 계급성을 느끼고 군림한다는 느낌이 전해온다면 일단 생각해보아야 할 것은 혹시 나 자신이 그런 세상의 잣대로 그들을 볼 때 오해하고 있는 것이 아닌가, 즉 열정적으로 사역하는 교회 봉사자나 직분자들의 활동에 대해 그들의 열심을 이해하면 내게 오히려 도움이 될 텐데, 교회 밖 계급적 시각으로 바라보기 때문에 그런 느낌을 갖는 것이 아닌지 되돌아보고 기도할 노력과 여유를 가졌으면 합니다.

교회에서 새가족에 대한 봉사로 섬기시는 분들의 절대다수는 특별한 보수나 보상을 받거나 그것으로 출세하기 위해 그런 노력을 기울이시는 것이 아닙니다. 무엇이 그들을 그렇게 열정적으로 만드는지 생각해보면 그 상황을 조금 이해하실 수 있지 않을까 합니다. 저도 지난주까지 새가족을 섬기다가 이번 주에 다시 새가족이 된 적도 있었습니다. 새가족으로 섬김을 받다가 제가 섬기게 되었을 때 그 받은 것을 다시 흘려보내어 나누면 됩니다. 가장 중요한 것이 무엇인지 알면 이러한 절차와 문화는 얼마든지 사랑으로 품을 수 있을 것입니다. 그러나 만일 교회에서 당신의 자리가 여전히 불편하시다면, 어쩌면 실제로 그 교회의 문화나 담당하시는 많은 분들의 방식이 잘 맞지 않을 수도 있습니다. 물론 그 경우에도 그간의 일들을 통해 주시는 하나님의 뜻을 잘 묵상하고 나의 믿음생활에 도움이 될 수 있는 자리를 찾아 현명하게 행동하는 것이 방법이라고 생각합니다.

중요한 것은 내가 가진 여러 교회 밖에서의 판단 방식으로 나에게 믿음이 커질 수 있는 기회를 놓친다면 자신에게 너무나 안타까운 일이 될 것이고 하나님도 슬퍼하며 안타까워하신다는 것입니다. 무엇이 핵심이고 본질인지를 알면 표면적이고 비본질적인 것은 크게 문제가 되지 않습니다. 교회는 맛과 서비스가 좋지 않으면 '여기 왜 이래?' 하고 나와버리는 맛집 탐방과는 다릅니다. 맛집은 눈에 보이고 입으로 느껴지며 생각으로 판단된 오감의 결과가 그것을 알게 되는 전부입니다. 그러나 교회는 그것 외에 복음의 메시지와 나의 개인적인 변화가 핵심입니다. 복음 중심의 바르고 건강한 메시지가 있는 곳인지, 성도들 간에 사랑과 은혜가 보이는 곳인지가 분명하다면 프로그램이나 규모나 시설이나 스타일이나 교단 같은 것은 별로 문제가 되지 않습니다.

교회생활이 부자연스럽고 자유를 제약하는 것처럼 느껴질지 모르지만 하나님을 믿는 사람들은 오히려 자유롭습니다. 성 어거스틴(St. Aurelius Augustine, 354-430)은 그의 요한일서 강해에서 다음과 같이 말했습니다.

하나님을 사랑하라. 그리고 하고자 하는 일을 하라.
Love and do what you will.

이 말에 반대편에 있는 말이라면 아마 우리가 살면서 너무나 자주 접하는 논조의 "율법을 따르라. 그리고 너의 행동을 삼가라" 정도가 될 것입니다. 이 세상의 모든 문화, 법률, 전통, 예의 등의 가치는 일반적으로 하고 하지 말아야 할 제약이나 강제 조건들을 제시합니다. 그러나 하나님을 사랑하여 그에게 삶의 기준을 맞춘 자들은 자유롭게 하고자 하는 일을 하라고 말씀합니다. 그 이유는 하나님을 진정으로 사랑할 때 당신이 하는 일은 하나님의 성품과 같은 일이 될 것이기 때문입니다(요 14:21). 세상의 법이 아닌 하나님의 사랑을 통해 무엇이 옳고 그른지를 알게 됩니다. 하나님의 공의를 사랑하되 사랑으로 포용하는 자가 될 수 있습니다. 바로 그때 우리는 참된 자유를 누릴 수 있는 것입니다.

교회에서의 평등은 하나님이 만들어 놓은 믿는 사람들 사이에 질서의 한 가지 모습입니다. 하나님 앞에서의 인간의 평등은 예수님의 말씀에 있어서 핵심 중 하나입니다. 예수님이 사람의 모습으로 가장 천대받던 계층의 사람들을 만나 진리를 전하시는 장면이 성경에 많이 묘사됩니다. 예수님을 따르면서도 결국 대단한 벼슬자리를 꿈꾸던 몇몇 제자들에게 예수님은 직설적으로 경고하시기도 합니다. 예수님은 가장 흉포한 죄인을 단죄하는 십자가에 스스로 몸을 던지며 우리 서로의 사랑과 평등을 당부하십니다(요 13:34,35). 이 땅의 교회는 그 말씀에 근거해서 세워졌습니다.

제가 체험했던 것과 같이 신분 격차와 상관없이 수평적인 관계 안에서 믿음을 키워가는 소그룹 모임들이 좋은 실천의 예라고 생각합니다. 물론 최근 교회 안에 이와 같은 본질이 많이 희석되고 변질되는 부분도 있다고 봅니다. 그러나 희망은 있습니다. 우리는 그 안에 있는 본질의 회복을 위해 노력할 수 있습니다. 그것은 대단한 것이 아니고 하나님을 사랑하므로 한 번 더 웃고, 칭찬하고, 선행을 권하고, 함께 아파하고, 기도해주는 것입니다. 그것이면 됩니다. 그 자리에 우리가 있는 것은 음식점에서 식사비와 봉사료를 지불하고 서비스를 받기 위해 앉아 있는 손님의 모습이 아닙니다. 바로 우리 자신이 교회이기 때문입니다.

1

교회에서 접하는 대화나 문화 속에서 부자유한 느낌을 가져본 적이 있으십니까? 어떤 부분이 가장 불편한가요? 그 부분에 대한 성경적 해결 방법은 무엇일까요?

2

예수님은 사마리아인이나 죄인들을 대하였던 부분에서 인간의 평등함을 나타내십니다. 함께 하나님을 바라보는 우리가 서로 간에 평등함을 실천하는 방법에는 어떤 것이 있습니까?

3

교회는 위아래를 나누는 계층적인 조직도 아니고 서비스를 주고 사례를 받는 영리단체도 아닙니다. 교회의 헌금을 음식점의 식대 및 봉사료와 비교해 보신 적이 있으신가요? 차이점이 무엇일까요?

4절 반대로 죄를 인식하고 인정할수록
나는 교회에 어울리지 않는다

미국에서 살면서 미국인들의 신앙생활에 대해 몇 가지 보고 느끼는 점이 있습니다. 지극히 주관적인 관점입니다만 미국인들의 신앙생활은 그들의 생활 전통과 맞닿아 있는 것 같습니다. 한국인들이 느끼는 이른바 외래 종교라는 관점이 아니라 청교도 정신으로 건국된 나라의 국가적 문화로서 세대를 걸쳐 이어져 온 기본적인 크리스천적 믿음이 그 바탕입니다.

물론 교회에 가지 않는 사람들도 많지만 이 사람들의 근간에도 대부분 그 부모 세대 이상으로부터 기독교적 믿음이 무엇인지에 대해 인지하고 있고, 성탄절이나 부활절과 같은 절기 역시 종교적인 개념을 넘어 전통 문화적인 관점이 있습니다. 그러기에 얼마 전 일부 비기독교인들이 불편해하는 관공서의 크리스마스 장식이나 메리 크리스마스와 같은 인사법에 대한 논란과 소송에서 미국 법원이 이 부분을 신앙의 관점이 아닌 미국인의 문화로서 보호한다는 판례를 내놓은 적도 있습니다.

각 도시별 라디오 방송국 중 적어도 몇 개의 스테이션(station)은 기독교 채널입니다. 이들은 크리스천적인 가치를 분명히 걸고 있는 것과 동시에 생활에 스며든 신앙의 느낌이 많습니다. 제가 즐겨듣는 채널도 '하나님의 은혜'와 같은 표어보다 '긍정과 격려'(Positive and Encouraging)를 주는 방송이라고 그들 스스로 말합니다. 이렇게 생활 저변에 깔린 크리스천적 사고방식의 영향인지 모르지만, 미국인으로서 교회에 나가지 않는 분들에게서 "나는 교회가 싫어" 혹은 "이해가 안돼"라는 반론보다는 "지금의 내 모습이 교회와 믿음과 하나님이 바라는 그것과는 거리가 있어" 혹은 "내가 하나님과 이미 멀어진 것 같아"라고 말하는 분들을 봅니다. 원래 믿음이 있거나 그것이 무엇인지 알고는 있는데, 내가 나를 알기 때문에 감히 갈 수 없다는 뜻이겠지요. 방송을 듣다보면 신앙 고민을 상담하는 분들의 내용 중에도 이와 같은 것을 자주 접하게 됩니다. 하나님을 믿고 따르고 싶지만 나만 아는 나의 부족함, 자기 자신도 싫고 거부하고 싶은 반복되는 실수와 잘못, 약한 의지 때문에 떨치지 못하는 크고 작은 죄 그리고 유혹에 연거푸 넘어지는 실망스러운 삶 때문에 하나님 앞에 부끄러워하고 낙망하는 모습입니다.

크게 다르지 않습니다만 믿음생활 하시는 우리 부모님 세대에서 자주 듣는 말이 있습니다.

"마음에는 원이로되 육신이 약하도다"(마 26:41).

이것은 예수님이 깨어 기도하지 못하는 제자들에게 하신 말씀이지만 하나님 앞에서 자신의 한계를 느끼는 분들이 낙망하며, 어쩌면 '어차피 나는 안 되잖아, 그냥 이대로 사는 수밖에'와 같은 자조적인 말 같기도 합니다. 그런데 그런 생각이 든다면 그 분들에게 좋은 소식이 있습니다. 그것은 로마서 8장 38,39절 말씀입니다.

"내가 확신하노니 사망이나 생명이나 천사들이나 권세자들이나 현재 일이나 장래 일이나 능력이나 높음이나 깊음이나 다른 어떤 피조물이라도 우리를 우리 주 그리스도 예수 안에 있는 하나님의 사랑에서 끊을 수 없으리라"(롬 38,39).

하나님을 믿고 입으로 시인하여 구원을 받은 자는 하나님과의 끊을 수 없는 아버지와 자녀의 관계를 이미 가지고 있습니다. 당신이 당신의 죄로 그 관계가 끊겼다는 생각이 들더라도 여전히 하나님은 당신을 붙잡고 있습니다. 얼마나 놀랍고 감사한 일인가요. 그렇다면 당신이 해야 할 일은 하나님이 말씀하시듯 하나님 앞에서 죄를 자복하여 의로우신 하나님의 용서를 받는 일입니다(요일 1:8,9) 그 죄를 백번도 넘게 지었는데도 하나님께서 용서하실까요? 그렇습니다. 당신이 진심과 진정으로 회개한다면 말입니다.[4] '이런 잘못은 용납되지 않을 거야' 혹은 '염치가 있지, 어떻게 이러고도 하나님을 부를 수 있겠어'라는 생각이 든다면 그것은 사탄의 질책입니다. 그러므로 이 책을 통해 일관되게 말씀드리고 있듯 하나님과의 솔직하고 인격적인 만남이 중요합니다. 이처럼 하나님과 구원받은 사람 간의 성숙한 관계가 있다면 이 삶을 사는 가운데 여전히 일어날 수 있는 인간의 허물과

---

4 반대로 만약 당신이 '이번 주일에 교회 가서 기도하면 하나님께서 또 용서하실 테니 다시 이 죄를 지어도 되겠지'라고 생각한다면 그것은 당신의 회개의 기도가 진정성이 없었다는 것을 뜻합니다. 더 나아가 진정으로 예배하지 않는 당신은 어쩌면 애초에 바른 믿음을 갖지 않은 것일 수도 있습니다. 내가 믿었다고 생각했지만 그것이 결과적으로 나 자신의 유익을 위한 가식이었다면 이것은 진실로 두려운 일입니다.

죄가 있더라도 그것이 그 사람과 하나님의 관계를 절대로 끊을 수 없습니다.

저도 제가 번번이 저지르는 잘못과 죄 때문에 마음이 약해지고 혼란스럽고 스스로에게 실망할 때 일어나는 현상이 있습니다. 그것은 그때마다 기도가 제대로 되지 않는다는 것입니다. 하나님과의 대화, 말씀의 묵상이 전심으로 되지 않습니다. 사람을 미워하고 있는 나를 발견할 때, 어려운 상황에 함몰되어 전전긍긍하며 내 경험과 논리로 고민할 때, 다른 것에 마음을 빼앗겨 나 자신을 바쁘고 힘들게 내몰고 있는 것을 볼 때 그렇습니다. '이렇게 사는 내가 어떻게 하나님께, 무슨 낯으로, 감히 다시 용서를 구할까?' 하는 마음이 그렇습니다.

그런데 여기서 중요한 것은 나를 흔들리게 하는 이 세상의 것이 나를 하나님에게서 멀어지게 하는 것이 아니라는 것입니다. 나를 힘들게 하고 하나님과 나 사이에 거리를 두게 만드는 근본 이유는 세상에서 지은 죄를 통해 하나님을 가까이하지 못하는 나 자신, 즉 하나님을 피하기로 결정한 나의 선택인 것입니다. 하나님은 언제나 내 바로 옆 그곳에 계십니다. 언제나 그래 오셨고 내가 또다시 죄를 지은 지금도 그렇습니다. 내가 내 죄 때문에 나 스스로 나를 감추고 피하므로(창 3:8) 회개와 기도로 하나님과의 관계를 유지할 수 있는데도 불구하고 내가 스스로 하나님과 멀어지기로 택하는 더 큰 실수를 범하는 것입니다.

올해 다섯 살인 둘째 서준이가 편식이 좀 심한 편입니다. 면과 치

즈 같은 것만 좋아하고 밥이나 고기를 잘 먹지 않아서 항상 걱정됩니다. 골고루 먹으라고 할 때면 아빠에게 소리 지르기도 하고 도망가기도 하고 때리기도 하고 "아빠가 세상에서 제일 싫어"라고 말하기도 합니다. 잠시 후에 아빠와 놀자고 해도 가까이 오지 않고 안기지도 않습니다. 하지만 자기 전에 서로 안고 뽀뽀할 때면 다시 "아빠가 세상에서 제일 좋아"라고 합니다. 아빠는 자녀를 언제나 사랑합니다. 아이에게 화를 낼 때조차 그렇습니다. 아이가 아빠의 성품을 안다면 밉고 도망가고 싶은 마음이 있더라도 언제든 다시 돌이키기만 하면 회복됩니다. 솔직하게 다시 사랑한다고 하면 됩니다. 서준이는 앞으로도 저와 수백 번 이런 패턴을 반복할 겁니다. 그러나 그렇다고 부자 관계가 달라지는 것이 아닙니다. 오히려 더욱 견고해질 것입니다. 하나님과 믿는 자녀 된 우리의 관계도 다르지 않습니다.

2019년 그래미 어워드 행사가 얼마 전에 있었습니다. 우리나라의 자랑스런 BTS가 'Best Recording Package Award'에 노미네이트 되기도 했습니다만 저는 제가 좋아하는 가수가 'Best Contemporary Christian Music Album Award'를 받아서 기분이 좋았습니다. 로렌 데이글(Lauren Daigle)이라는 성가사입니다. 그녀의 곡들 중에 제가 가장 사랑하는 찬양 가사를 적어볼까 합니다.

How Can I Be (로렌 데이글, 2015)

I am guilty 나는 죄인입니다

Ashamed of what I've done, what I've become

내가 한 일과 나의 모습에 부끄럽습니다

These hands are dirty

두 손이 더럽습니다

I dare not lift them up to the Holy one

거룩한 하나님께 그 손을 감히 들 수가 없습니다

You plead my cause

하지만 당신은 나의 허물을 감싸주셨습니다

You right my wrongs

당신은 나의 잘못을 바로잡아주셨습니다

You break my chains

당신은 나의 매인 사슬을 끊으셨습니다

You overcome

당신은 이겨내셨습니다

You gave Your life

당신은 나에게 생명을 주시기 위해

To give me mine

당신의 것을 버리셨습니다

You say that I am free

당신은 말씀합니다, 내가 자유롭다고

How can it be

어떻게 이것이 가능한 것인가요

How can it be 어떻게 이것이 가능한 것인가요

I've been hiding

나는 숨었습니다

Afraid I've let you down, inside I doubt

당신을 실망시켰을까 두려웠고

That You still love me

당신이 나를 아직 사랑하실까 마음속으로 걱정했습니다

But in Your eyes there's only grace now

하지만 지금 당신의 눈에는 은혜만이 있습니다

You plead my cause

당신은 나의 허물을 감싸주셨습니다

You right my wrongs

당신은 나의 잘못을 바로잡아주셨습니다

You break my chains

당신은 나의 매인 사슬을 끊으셨습니다

You overcome

당신은 이겨내셨습니다

You gave Your life

당신은 나에게 생명을 주시기 위해

To give me mine

당신의 것을 버리셨습니다

You say that I am free

당신은 말씀합니다, 내가 이제 자유롭다고

How can it be

어떻게 이것이 가능한 것인가요

How can it be

어떻게 이것이 가능한 것인가요

Though I fall, You can make me new

내가 쓰러질 때 당신은 나를 새롭게 하셨습니다

From this death I will rise with You

이 죽음으로부터 나는 당신과 함께 일어설 것입니다

Oh, the grace reaching out for me

나를 향한 그 은혜

How can it be

어떻게 이것이 가능한 것인가요

How can it be

어떻게 이것이 가능한 것인가요

미국인들의 가슴을 울린 믿음의 곡입니다. 하나님이 좋으신 분이라는 것을 알지만 그 앞에 다가갈 수 없는 나의 모습을 바라보는 우리에게 그분이 힘을 주십니다. 우리는 모두 내어놓고 회개하며 그 용서를 받아들이면 됩니다. 그러면 하나님과 우리가 더욱 가까워집니다. 그리고 진정으로 자유하게 됩니다.

1

당신이 지은 죄로 하나님과 멀어짐을 느낀 적이 있으십니까? 그때 어떻게
해야 하나님과의 관계를 회복할 수 있을까요?

2

하나님이 보호하고 사랑하는 존재가 아닌 두렵고 무서운 존재로 느껴질 때
가 언제입니까? 하나님이 그와 같은 때에 당신이 두려워했던 저주를 내렸
던 적이 있습니까?

3

로마서 8장 38,39절의 말씀을 묵상하기 원합니다. 왜 하나님은 쓰러지고
넘어지는 우리에게 여전히 구원의 끈을 놓지 않으시는 것입니까? 진실로
그 말씀이 와닿습니까?

7장

믿음의 시작

1절 교회에 출석하고 성경을 읽기에
너무 바쁘고 심적인 여유가 없다

이 책을 여기까지 읽어오셨다면 믿음생활을 시작해보고자 하는 마음
이 생기셨을 것도 같고, 믿음생활을 이미 하고 계신다면 더 진지하고
깊어졌으면 하는 바람이 있으실지도 모르겠습니다. 그러나 여전히
마음에 걸리는 것은 매일 우리에게 닥치는 '현실'입니다. 사람이 가진
자원은 유한합니다. 시간, 재물, 능력, 삶의 범위 또한 크고 작은 편
차는 있겠지만 제한이 있습니다. 삶의 방식도 점점 더 복잡해지고 리
듬이 빨라지고 있습니다.

　제가 대학 다닐 때만 해도 집 전화와 삐삐로 연락하고 약속해서
만나던 사람들이 지금은 분초 단위로 쪼개서 스마트폰으로 화상이
나 실시간 메시지로 동시에 여러 사람과 소통하기도 합니다. 요즘은
모두가 너무 바쁩니다. 제 경우에도 아침에 일어나면 나갈 준비에 아
이들 챙겨서 등교 시간에 맞춰 차로 데려다주고 바로 사무실로 가면
많은 일들이 저를 기다리고 있습니다. 차 한 잔의 여유도 없이 하루의
시곗바늘이 돌아갑니다. 데이터 사이언스 프로젝트의 전략을 세우고
세부 기술적인 멘토링의 역할도 해야 하므로 팀원들의 진행 상황을
매일 체크하고 판단하고 수정하고 회의하는 것으로 거의 모든 시간
이 지나갑니다. 예전에는 일과 일 사이에 잠시 쉬는 리듬이 있었지만

지금은 사이언티스트들과 엔지니어들이 쉴 때 그다음 일을 구상해야 그들의 업무가 차질없이 연결될 수 있습니다.

집에 오면 씻고 집안일 하고 아이들 숙제에 도움을 주거나 둘째 서준이 잠자리 준비에 바빠서 저녁에도 별로 시간이 남지 않습니다. 잠깐씩 생기는 한두 시간의 여유가 너무 소중하지만 그마저 하루 동안의 피로 때문에 무엇인가 새로운 것을 할 엄두가 나지 않습니다. 게다가 교회 주일 이외에도 일대일 리더 교육, 제가 섬기는 일대일 모임들, 집에서 하는 사랑방 모임 준비, 성경 묵상과 글쓰기까지 더해집니다. 저와 같은 직업과 삶이 아니더라도 모두가 바쁩니다. 제 아내도 치과 진료와 가정을 돌보며 힘에 부치지만 성경공부 모임과 수요 여성 예배 참여도 열심히 하고 있습니다. 많은 믿는 분들이 바쁜 와중에도 교회와 관련된 여러 일을 해나가고 계신 것을 봅니다. 그렇다면 하나님을 믿는 사람들은 믿음생활에 시간을 쓸 만큼 원래 다들 시간이나 감정적으로 여유가 있는 사람일까요?

업그레이드된 신앙을 갖기로 결심할 때 가장 방해가 되는 것이 현대인의 '바쁨'입니다. 그런데 이 바쁨이 왜 시간 없음으로, 그리고 어떤 가치 있는 일을 하는 데 있어서 '그렇기 때문에 불가능하다'로 연결되는지 조금만 더 생각해보았으면 합니다. 흔히 바쁘면 좋은 거라는 말을 많이 합니다. 누군가가 혹은 어떤 상황이 나를 필요로 한다는 것은 사실 즐거운 것입니다. 당신이 어떤 하기 싫은 일을 억지로 하고 있지 않다면(예를 들어 사회봉사 명령을 받아 법률적으로 해야 할 일이 있다거나 하는) 대부분의 일은 자신이 선택한 것이거나 그 일을 하는 것이 당신의 삶에 필요한 것들입니다. 즉, 대학 진학을 원해서 열심히 공부했고 진학해서 학위를 준비하다보니 지금 논문 준비로 눈코 뜰 새 없이 바쁘다든지, 사랑하는 가족과 나 자신을 위해 생업에 최선을 다하다보니 새벽 일찍부터 저녁 늦게까지 택배 배달을 해야 한다든지 하는 상황일 것입니다.

그러나 내 삶의 모든 일에 '바쁨'이 자리를 잡는 데에는 항상 그 일들에 우선순위를 주었기 때문인 것이 보통입니다. 우선순위가 높은 것을 하나하나 쌓아 나가다보니 많은 것을 해야 했고 그러니 바빠진 것입니다. 주말에 몇 시간도 자유롭게 쉴 시간 없이 바쁘다면 그 쉼보다 더 큰 우선순위의 일이 당신에게 있고, 그 쉼이 그 일을 보상하지 못한다고 결론 내렸기 때문에 쉼을 갖지 못하는 것입니다. 그러므로 우리에게 믿음이 필요하고, 그 일에 최소한의 시간이 필요하다는 것을 알지만, 지금 있는 나의 시간표에 그것을 끼워 넣는 것이 힘들다면 근본적인 삶의 우선순위를 조정해야 한다는 뜻일 것입니다.

저도 시간을 내서 하고 싶지만 하지 못하는 많은 일들, 예컨대 가족 여행, 사진 출사, 테니스 레슨, 이웃과의 골프, 새로운 기술 습득 같은 것들 대신에 믿음생활에 시간을 쓰는 이유는 우선순위의 설정으로 그렇게 할 수 있는 것입니다. 보통은 바쁘기 때문에 어떤 일을 못 하는 것이 아니라 사실은 그것에 우선순위를 매길 만큼 그 가치를 크게 느끼지 못하기에, 혹은 그 일의 진정한 가치를 모르기 때문에 시간을 못 내는 것입니다. 만일 당신이 주말에 몇 시간 시간을 내어 크게 어렵지 않은 어떤 일을 할 때 지금 연봉의 두 배를 받을 수 있다면 아무리 바쁜 사람도 그 시간을 내지 않을 사람이 있을까요?

따라서 바빠서 믿음이라는 것을 갖지 못하겠고 그 생활을 하지 못하겠다는 사람은, 사실은 "저는 그 믿음의 가치를 모르겠습니다"라고 얘기하는 것과 크게 다르지 않습니다. 그러므로 우선순위의 원리를 몰라서가 아니라 아마 당신의 삶에 성경을 읽고 교회 예배에 가고 소모임으로 모이는 시간의 우선순위가 단번에 올라가지 못하는 것 자체가 당신에게 더 큰 도전일지도 모릅니다.

그렇다면 어떻게 하면 믿음생활이 나의 우선순위로 느껴질 수 있을까요? 원리는 사실 아주 간단한 것 같습니다. 하나님과의 사랑을 조금씩 그리고 기대하는 마음으로 키워 나가면 됩니다. 제가 '단번에'라고 하지 않고 '조금씩'이라고 말씀드리는 이유는 제 경우에도 예수님을 영접하고 나서 적어도 몇 달 몇 년의 세월에 걸쳐 하나님과 함께하는 시간으로부터 공급받는 은혜가 그 시간이 주는 세상적 유익과 비교할 수 없을 만큼 크다는 것을 진심으로 알게 되었기 때문입니다. 첫눈에 사랑에 빠지는 연인들이 있는가 하면 주위에서 있는 듯 없는 듯하던 사람이 스며들듯 좋아지게 되는 경우도 있는 것처럼 말입니다. 또한 '노력하며'보다는 '기대하는 마음으로'라고 말씀드린 이유도 이 하나님과의 관계성은 나의 노력과 고뇌와 같은 행위로 되어지는 것이 아니라 다른 것에서부터 눈을 돌려 예수님을 소망하고 바라볼 때 그가 내 마음에 들어오시기 때문입니다.

제가 하나님을 만난 2000년은, 미국 내 해당 전공 분야에서 가장 학제가 잘 갖추어져 있다고 평가되는 학교에서 이른바 대가(大家)라고 불리는 교수들의 난해한 수업들로 가득 찬 커리큘럼의 공부를 시작하던 때였습니다. 외국 학교, 아니 외국 땅이라고는 처음 밟아본 사람으로서, 그리고 새로운 전공 준비도 제대로 되지 않은 전과생으로서 그것은 긴장과 두려움 그 자체였습니다.

　앞서 말씀드린 찬양 중의 경험을 통해 하나님에 대한 진지한 질문들이 생기고 그것들을 성경공부를 통해 탐구해가기 시작할 때 시간의 압박이 없었던 것이 아니었습니다. 새로 우물물을 길어 올리기 위하여 마중물을 붓는 심정으로 시간을 내어 매주 저녁 늦게까지 이어진 목사님과의 토의를 통해 제가 가졌던 영적인 질문들에 대해 나누고 스스로 답을 정리해갔습니다. 그를 통해 전에 없던 새로운 가치를 느끼게 되었습니다. 그것은 기본적으로 '영적인 지식은 나의 영혼을 위해 반드시 필요하다'는 것이었습니다.

　창세기의 내용으로부터 내가 창조된 이유와 하나님의 사랑으로 지금의 나의 삶이 채워지는 것을 느꼈던 어느 자정이 가까운 늦은 밤, 인적이 없는 오솔길을 홀로 운전해 갈 때 달빛이 부서지는 나무 잎사귀들이 보였습니다. 그 모습은 이 땅의 모든 생명체가 주님을 찬양하며 즐거워하는 것 같았습니다. 벅찬 기쁨과 감사의 눈물이 흘러 시야를 가렸습니다. 더 이상 운전을 할 수 없어 길가에 차를 세우고 한참 동안 그렇게 혼자서 감사의 기도를 하였습니다.

　그 후로 유학생활 동안 하나님과의 교제는 내 삶의 가장 높은 우선순위가 될 수 있었습니다. 그렇게 우선순위를 다시 매길 수 있었던 것은 나의 노력과 의지가 아니라 나 자신도 모르게 제 마음 깊이 새겨진 말씀의 가치 그 자체였습니다. 매일 새롭게 다가오는 말씀의 생명력을 알게 되었을 때 하나님을 사랑하는 것은 '노력'이 아닌 '기대'가 되었습니다. 나는 그분이 주는 소망을 얻고 그분에게는 내가 가진 이 세상의 모든 근심 걱정을 내어놓았습니다. 이 관계에서 영적 치유와 합력 된 선을 받습니다(롬 8:28). 이 얼마나 감사한 일인가요.

시간은 상대적이라고 합니다. 좋은 순간은 빨리 가고 싫은 시간은 천천히 갑니다. 별로 한 일이 없는데 시간만 빨리 가는 것 같은 날이 있는가 하면, 시간을 잘 쪼개서 여러 일을 치러내고 보람이 가득한 하루가 있기도 합니다. 이렇게 나의 삶에 충만함을 주는 변치 않는 무엇인가가 있다면 그 일은 별 감흥 없는 여러 바쁨을 밀어내고 나의 우선순위를 차지할 수 있을 것입니다. 믿음은 당신의 삶에 의미 있고 목적 있는 방향을 주며 매일매일이 채워지게 합니다. 그것 위에 당신의 소중한 '최우선순위'라는 표식을 붙일 수 있기를 기도합니다.

1

당신은 얼마나 바쁘게 살고 있습니까? 당신의 바쁜 나날들이 당신을 행복
으로 채웁니까? 아니면 당신의 시간이 소비되고 있는 중이라고 느끼십니
까? 바쁜 순간들을 보내며 무엇이 빠져 있는 것 같습니까?

2

당신이 지금 하고 있는 여러 가지 일들의 리스트를 만들어보십시오. 하고
싶은 일들의 리스트를 그것에 더하여보십시오. 가장 중요한 일, 덜 중요하
지만 해야 하는 일, 미루거나 안 해도 되는 일까지 분류해서 우선순위를 조
정해보시기 바랍니다.

3

하나님과 교제하고 이웃과 함께 나누고 기도하는 시간이 당신의 리스트 안
에서 얼마나 중요한 위치를 가지고 있습니까? 혹시 그 항목이 첫 번째 질
문에서 빠져 있다고 생각했던 그것이 아닐까요?

당신이 이 책을 읽고 있다는 것은 진실로 축복입니다. 이보다 더 즐겁고 재미있고 유익한 정보가 있는 책이나 매체가 많을 텐데 말입니다. 그런데도 당신은 이 글을 통해 하나님과 자신의 관계에 대한 생각을 하고 있는 중입니다. 너무나 특별한 은혜입니다. 하지만 당신 주위에 하나님을 진정으로 믿는 사람들이 없거나 보이지 않을 수 있습니다. 그래서 당신이 신앙생활과 교회생활을 시작할 만한 계기가 없다고 생각할 수 있습니다. 말씀을 듣고 싶은 마음은 있지만 어떻게 시작해야 할지 모르는 경우도 있습니다. 하지만 여기서는 구체적인 방법론보다 먼저 어떻게 당신을 부르시는 하나님의 음성을 들을 수 있을지에 대해 이야기를 나누어볼까 합니다.

제가 믿음이 없을 때 저를 처음 인도하셨던 어느 젊은 집사님이 계셨습니다. 외국 유학이라는 새로운 환경에서 공부를 시작하여 이동수단이 없는 저에게 차를 자주 태워주시던 분이었습니다. 사실 처음에는 이분이 교회를 다니시는 분인지 집사님인지도 모르고, 다만 학교 선배 중 한 분으로만 알고 지냈습니다. 미국 운전면허가 나오기 전 차편이 없어 그날도 그분의 차를 타고 저녁을 먹기 위해 그분의 집으로 가고 있던 중이었습니다.

"학비는 집에서 받는 거야?"

"담당 교수가 다행히 자바 개발 기술을 찾고 있어서 보조를 받게 됐어요. 우연찮게 제가 썼던 논문에 그 부분이 있었거든요. 전공도 다른 데 그거 보고 뽑은 거 같아요. 입학한 것도 정말 의외였지만 학비 보조까지 바로 받게 된 건 참 운이 좋았던 거 같아요."

그 분은 조용히 듣고 미소 짓고 계셨지만 '잘됐네' 하는 것 같았습니다. 제가 말을 이어갔습니다.

"집이 부유한 것도 아니고 대단한 능력이 있는 것도 아닌데 제가 지금까지 살면서 그때그때 운 좋게 되는 거 보면 가끔 누가 도와주고 있는 것 같다는 생각이 들어요."

고속도로에서 나들목으로 나오는 중이었습니다. 그 선배가 말했습니다.

"음, 그래? 누가 도와주는 거 같은데?"

"어머니는 우리 조상 묫자리가 좋아서 그렇다는데, 하하, 모르겠어요."

잠자코 있던 선배는 잠시 후 아주 오래된 도요타 자동차의 수동 기어를 바꾸며 의외의 말을 했습니다.

"너, 하나님이 쓰실 건가보다."

'이 선배가 생뚱맞게 왜 갑자기 이런 말을 하는 걸까' 하는 생각이 들었습니다. '내가 교회 한두 번 따라갔다고 벌써 나를 신자라도 된다고 생각하는 건가?' 조상 얘기를 했는데 하나님 얘기로 받는 것이 저는 어색했습니다. 침묵이 흘렀습니다. 그런데 이상한 것은 그 말이 그 후로도 제 안에 남아 있었다는 것이었습니다. 그리고 20년 가까이 지난 지금까지 그 말을 한 시간과 장소 그리고 그곳의 풍경과 그분의 말투까지 모든 것이 어제처럼 생생합니다. 저는 그것이 그 때 그곳에서 하나님이 저를 부르신 것이 않을까 합니다.

우리가 하나님의 부르심을 듣기 위해서 우리는 하나님의 말씀에 더 민감해져야 합니다. 이 세상은 많은 것들이 이른바 중립적입니다. 좋은 부분을 바라볼 수도 있고 나쁜 것에 촉각을 세울 수도 있습니다. 우리를 쓰러뜨리려는 것들에 마음이 걸려 있을 수도 있고 진리와 영원한 것을 민감하게 받아들일 수도 있습니다. 영적 민감성은 우리의 삶을 바꾸어놓습니다. 그것은 영적인 것에 우리의 오감을 가져간다는 것만을 의미하는 것이 아닙니다. 반복되는 삶 가운데서라도 하나님이 보여주시는 크고 작은 일들을 통해 하나님은 우리와 만나고 대화할 것을 고대하십니다. 그것이 이 책을 권해준 당신의 지인을 통해서일 수도 있습니다. 당신에게 냉대당한 적이 있는 예전 어느 교회 다니던 친구가 그 연결고리였을 수도 있습니다. 재해를 당해 고통당하는 사람들의 뉴스를 보고 안타까워하며 자연의 무서움에 대해 생각하는 그 순간일 수도 있습니다. 그 메시지를 민감하게 들을 수 있다면 어떤 구체적인 계기로 그분을 만날 것인가는 사실 두 번째 문제가 됩니다. 그분이 나를 부르셨다는 것과 내가 느끼고 바라보고자 하는 마음이 생기면 되는 것입니다.

이제 계기에 대해 말해볼까 합니다. 믿음은 들음에서 난다고 하였습니다. 그 들음을 통해 하나님의 부르심을 알 수 있다면 그 후에는 후회하지 않는 하나님의 사랑이 있습니다(롬 10:17, 11:29). 당신 주위에 믿는 사람들 안에 하나님이 당신이 만나야 할 사람을 주셨습니다. 주의 깊게 둘러보시고 당신의 마음을 잠시 말해볼 사람을 찾아보십시오. 가까운 친구가 교회에 다니고 있고 그 사람이 그 교회 새가족반에서 새 교회 가족들을 챙기고 있을지도 모를 일입니다. 거의 모든 교회마다 교회에 처음 오신 분들에게 도움을 주는 분들이 있습니다. 처음 발걸음이 어렵더라도 그 뒤에는 하나님의 인도하심에 기대야 합니다. 교회에 출석을 하고 계신다면 등록을 하시고, 등록을 하셨다면 예배와 소모임을 찾으셔야 합니다.

혹시 교회의 문턱이 높게 느껴지십니까? 그러나 그것에 어떤 결론을 성급히 내리지 마십시오. 그것은 본질적인 것이 아닙니다. 당신이 꿈에 그리던 멋진 곳으로 해외여행을 가기 위해 공항에 가는데, 그날 아침 굳이 당신이 좋아하는 색과 크기와 친절한 운전기사가 딸린 고급 택시나 우버(Uber, 차량 호출 서비스)가 아니면 어떻습니까. 비행기 시간에 맞추어 공항까지 나를 옮겨줄 수 있는 것이면 감사하지요. 그 택시가 마음에 안 들어서 집으로 그냥 돌아가거나 여러 택시를 고르느라 비행기를 놓치는 사람은 아마 없을 겁니다.

당신의 주님, 당신을 사랑하는 분을 만나는데, 다가가는 그 길이 어떤 길이든 그것은 크게 중요하지 않습니다. 도움을 청할 사역자들이나 믿음이 좋은 교회 리더들이 있을 것입니다. 그것이 당신의 배우자나 친구일 수도 있고, 그 과정이 대단한 교육 코스가 아니라 식사 후 잠깐의 티타임이 될 수도 있습니다. 하나님이 당신에게 주시는 메시지 중에 몇 가지를 붙들면 됩니다. 수많은 교회가 크고 작게 퍼져 있는 것도 다양한 사람들을 받아들여서 그들을 도울 수 있는 사람들을 세우시기 위해 하나님께서 그렇게 만들어놓으셨을 거라고 생각합니다.

당신은 이미 믿음을 가진 분이신가요? 그렇다면 믿고자 하는 마음은 있는데 주위에 적극적인 인도함이 없어 믿음을 시작하지 못하는 이웃이 있을 수 있다는 것을 알면 좋겠습니다. 그런 분들이 당신의 직장에, 취미 모임이나 학부모 모임에, 동창회 같은 곳에도 있을 수 있습니다. 그들에게 던지는 한마디의 영적인 말이 그의 인생을 좌우할지도 모릅니다. 지금 이 시간에도 계기가 없다는 정도와는 차원이 다른, 신앙의 극한 상황이 벌어지는 국가에서 목숨을 걸고 믿음을 이어가는 크리스천들이 있습니다. 당신이 합법적으로 믿음생활을 할 수 있는 사회, 예를 들어 대한민국과 같이 종교의 자유가 보장된 곳에 사신다면 그것은 얼마나 축복인지요.

우리 주위에는 스스로 그 힘든 곳으로 가서 그곳에 계신 분들을 위한 '복음의 계기'를 만들려는 분들이 있습니다. 저와 함께 같은 연구실에서 5년을 공부하고 박사 졸업을 앞두고 있던 분이 갑자기 그 힘든 곳으로 갈 계획을 말하였을 때 저에게는 충격이었습니다. 그 분의 꿈은 그곳에 있는 젊은이들이 하나님과 만날 수 있도록 계기를 만드는 것이었습니다. 그러나 그 선교지는 전기나 석유가 부족해서 석탄으로 난방을 하기 때문에 겨울마다 숨쉬기 힘들 정도로 공기가 매캐하고, 두 어린 아이들을 교육하고 키울 국제 교육 시설도 없고, 소득 수준이 낮아 그 작은 대학에서 주는 보수로는 경제적으로 힘들 수밖에 없는 곳이었습니다. 그러나 그 분에게는 그 곳이 예수님을 따라갈 꿈의 터전이 되었습니다.

사실 그때는 그 분이 모든 것을 희생해가며 가시는 것으로만 보였습니다. 그러나 15년이 지난 지금은 그 분이 오히려 더 거룩함을 이루어가고 계시고 또한 더 가지신 분이라는 것을 진심으로 깨닫습니다. 선교는 희생이 아니고 기쁨이라고 합니다. 그 분과 같은 선교사님들의 삶이 그것을 증명하고 증언합니다. 이렇게 믿지 않는 영혼들이 하나님에게로 나올 수 있는 계기를 만드시는 분들이 하나님의 사람입니다.

그 땅과는 달리 믿음이 자유로운 이곳에 당신을 살게 하신 하나님은 우리에게 완전한 계기를 주셨습니다. 저희 가정도 바로 그 땅에 가는 또 다른 젊은 선교사 부부를 작년부터 후원하기 시작했고 그 은혜로운 계기의 확장을 위해 중보하고 있습니다. 하나님께서 하나님과 더 가까이 있을 수 있는 곳에 우리를 두시는 은혜를 베풀어주셨다면, 우리의 영혼과 행복을 위해서라도 진실로 우리도 하나님과 가까이 있어야 하지 않을까요?

1

당신에게는 하나님을 받아들이는 것과 교회에 나가는 것이 누군가가 당신을 위해 레드카펫 같은 것을 깔아주어야 할 수 있는 것입니까? 당신을 전도하는 당신의 지인을 위해 예의상 성의를 보여주는 것입니까?

2

하나님이 당신을 부르고 계신다는 생각을 해본 적이 있으신가요? 부름은 능동적으로 어떤 행동을 하라거나 어디로 가라는 것도 될 수 있지만, 잠잠히 하나님을 바라보거나 죄 된 모습을 벗고 잘못된 행동을 멈추는 것도 있을 것입니다.

3

자신과 주위에 믿지 않는 분들이 하나님의 부름에 민감하도록 기도하면 어떨까요? 하나님이 베푸시는 삶 가운데 상황과 말씀을 통해 변화받기를 기도하기 원합니다.

다른 종교의 집안 혹은 배우자의 종교 관계로 현실적으로 어렵다

믿음생활은 취미나 업무와는 다릅니다. 개인적이고 인격적이며 감성적인 부분이 모두 관련됩니다. 믿음을 가지면 생활의 일부가 아닌 삶의 전체 영역에서 새로운 시각과 패턴이 생깁니다. 말과 생각과 사람을 대하는 태도도 밝고 여유가 생기며 더욱 포용적인 모습으로 바뀝니다. 한마디로 사랑이 많아진 사람이 됩니다. 믿지 않는 분들이 보기에 다른 사람이 된 것처럼 보일 수 있습니다. 대부분 그런 모습을 좋아하겠지만 간혹 이런 변화를 달가워하지 않는 사람들도 있습니다. 기독교에 반감을 가지고 있어서 그 모습을 싫어하거나 지금까지 모르고 살던 다른 어떤 것에 정신이 팔려 있는 사람처럼 느껴져서 불편해할 수도 있습니다. 가장 가까운 사람인 배우자나 가족 간에 믿음의 온도 차가 있을 때도 이런 일들이 종종 일어나는 것 같습니다.

결혼 15주년이 된 저희 부부도 신혼 초에 역시 비슷한 경험을 했습니다. 지금은 아내가 저보다도 더 성경과 찬양을 즐겨하고 기도에 열심입니다만 저를 만나 결혼하기 전에는 교회에 캐주얼하게 가끔 참석하는 정도의 성도였다고 합니다. 아내는 특히 교회생활에 적극적인 사람, 그중에도 찬양하는 사람, 더욱이 찬양 시디(CD)를 차에 늘 틀어놓고 다니는 사람을 싫어했다고 합니다. 한마디로 교회와 신앙생활은 적당히, 혹은 균형 있게 하는 것이 좋다는 생각이었겠지요. 그러던 아내가 그녀가 살던 캐나다 토론토와 제가 있던 미국 애틀랜타를 잇는 장거리 교제를 통해 몇 개월간 단 몇 번의 만남으로 저와 결혼하게 되었습니다. 한국에서 결혼식을 하고 미국에 와서 생활을 해보니 자신이 싫어하는 스타일의 사람이 정확히 자신의 남편인 것을 보고 얼마나 놀랐을까요. 제가 그것을 먼저 알았더라면 조금 치워 놓았을 텐데, 제가 생각하기에도 제 차에 찬양 시디가 많이 있었던 것 같습니다.

아내와 처음으로 찬양단 연습에 가야 하는 날이 되었습니다. 같이 가자고 했더니 아내는 안 가겠다고 하고 저에게도 가지 말라고 했습니다. 아내의 입장으로서 이해가 되었지만 제가 어떻게 해야 할지가 난감했습니다. 만일 제가 그래도 가야 한다고 한다면 '맹신자, 광신도, 내 생각도 안 해주는 고집 센 인간'이라 생각할 것이고, 그러면 가지 않겠다고 하면 '신앙 있는 척하더니 믿음도 별 것 아니구나'라고 생각하며 앞으로 교회와는 더욱 선을 긋고 살 것 같았습니다. 쉽게 말해서 뭘 해도 미운 상황입니다. 그 짧은 순간 '예수님이라면 어떻게 하실까?' 생각해보았습니다. 그리고 이렇게 말했습니다.

"그러면 가지 말자."

아내가 잠시 생각하더니 "그래도 되는 거지?"라고 물었습니다. 아마 조금은 걱정이 되었나봅니다.

"그래, 괜찮아. 내가 만약에 그래도 가야 한다고 한다면 하나님은 기뻐하실지 모르지만 당신은 이 상황을 받아들이지 못하겠지. 그러나 내가 가지 말자고 하면 당신은 안심할 거야. 대신 내가 알고 신뢰하는 하나님은 당신을 너무나 사랑하기 때문에 기다려주시는 분이라는 것을 나는 믿어. 아마 그분이 이해해주시고 당신에게 더 큰 은혜를 베풀어 결국 이끌어주실 거야."

아내는 잠시 생각하더니 가자고 하더군요. 그리고 그 해 찬양 특별 집회에 저와 아내가 함께 단상에 서서 손을 들며 찬양 예배를 섬기기도 했습니다. 언제나 그렇듯 제 자신의 지혜와 믿음으로 할 수 있었던 말이 아닙니다. 매시간 성령님이 이끄시고 말하고 행동하게 하시므로 작은 기적들이 나타나는 것이라고 믿습니다. 만일 당신에게 배우자나 가족 간의 믿음의 갈등과 문제들이 있다면 제 경우와 같이 해결되는 문제가 아닐 수도 있습니다. 더 큰 의견 충돌과 더 깊은 상심과 더 혼란스럽고 심각한 상황일지도 모릅니다. 저에게는 그 모든 경우에 대한 지혜가 없습니다. 아니 우리 모두에게는 그런 지혜가 없습니다. 그러나 분명한 것은 하나님에게는 있다는 것입니다. 그것을 믿는다면 우리가 할 일은 하나님께 묻고 구하는 것입니다. 나의 명철이나 고뇌가 아닌 '예수님이라면 어떻게 하셨을까?'라는 질문과 기도로 구하면 우리를 꾸짖지 않는 하나님께서 후한 지혜를 선물로 주실 것입니다(약 1:5).

이처럼 하나님이 주시는 지혜를 통해 주님이 역사하는 경우도 있고 다른 경우에는 우리의 기도를 들어주시는 하나님이 강권적으로 해결 방법을 만들고 바꾸어주시는 경우도 있습니다. 내가 아닌 다른 사람이나 상황의 변화로 생각지도 않은 놀라운 일들이 일어나기도 합니다. 앞서 나눈 아버지의 회심에 대한 것도 그렇지만 어머니의 전도 과정은 그를 위해 기도해온 우리 부부에게는 기적과 같은 것이었습니다. 어머니는 제가 태어나기 전부터 출석하시던 신앙 단체가 있었습니다. 대체로 교회의 모습을 하고 있었지만 믿지 않던 예전의 제 눈에도 우리가 아는 교회와는 다른 부분이 많았습니다. 어머니는 칠십 세가 넘으시도록 평생을 그 곳에 다니시며 권사 직분까지 받으셨습니다. 그런 모습을 보며 참된 믿음과 진리를 가지시길 바라는 우리 부부의 마음은 참으로 안타까웠습니다. 몇 년 동안 끊이지 않는 기도의 제목으로 함께 중보 기도를 하였습니다. 그러던 어느 날 안부 전화를 드리던 중이었습니다.

"어머니, 요즘 다니시는 곳은 어떠세요?"

"요즘 안 나간다."

몸이 어디 안 좋아지셨나 싶어 안부를 물으니 이렇게 말씀하시는 것이었습니다.

"몇 주 전에 그 교회에서 너무 마음이 상하는 일이 생겨서 한두 번 예배에 빠졌는데, 예배 담당이라는 사람이 나한테 전화를 해서는, '권사님, 교회에 나오지 못하시더라도 헌금은 보내셔야 되는 거예요'라고 하지 뭐냐. 이건 아니다 싶어서 안 나간다. 지금 몇 주 됐어."

수십 년을 그 곳에서 동고동락했던 사람들과의 사이에 갑자기 소원함이 생기고, 전혀 상식적이지도 않고 바른 믿음으로서는 부적당한 말을 그들이 했으며, 거기에 단호히 이제 안 나가겠다고 하시는 어머니의 모습은 선뜻 이해가 되지 않는 상황이었습니다. 심지어 어머니가 가장 좋아하시는 이모님까지 평생을 출석하던 곳이었기 때문에 어머니의 그와 같은 결단은 저희에게는 대단한 사건이었습니다. 저는 이 기회를 놓치면 안 되겠다는 생각이 번쩍 들었습니다.

"어머니, 기도 응답입니다. 요즘 아버지가 동네에 있는 큰빛교회에 나가셨다면서요. 하나님이 어머니에게 큰 기회를 열어주셨어요. 아버지와 같이 나가세요. 제가 너무너무 기쁘네요."

어머니는 그 생각을 이미 하셨는지, 혹은 제가 그 말 하기를 바랐던 것처럼 자연스럽게 말씀하셨습니다.

"네가 그렇게까지 얘기하니, 알았다. 나가보마."

아내에게 이 소식을 전하니 아내도 너무 놀라고 신기해 하였고 저희는 하나님께 감사의 기도를 올려드렸습니다. 하나님은 기도에 응답하십니다. 비록 기다리라고 하거나 들어주지 않으실 경우도 있지만, 하나님은 우리가 진정한 기도를 올릴 때 그 모든 것을 우리가 상상할 수 없는 방법과 시간에 가장 선한 모습으로 이루어주십니다. 하나님은 우리가 믿음을 가질 때 그것 때문에 겪는 관계의 어려움과 상심을 가장 가까이에서 고치고 치유해주실 것입니다. 하나님을 믿고 복음의 증인 된 삶을 사는 자에게 성령님의 권능 주심은 예수님께서 마지막에 말씀하셨기 때문입니다(행 1:8). 우리가 우리의 능력과 방법이 이제는 없다고 모두 내어놓고, 다만 하나님의 기적을 위해 전심으로 기도할 때 하나님께서는 놀라운 일을 행하십니다. 기도를 통해 하나님의 지혜를 얻고 기적을 체험하는 것은 크리스천들이 갖는 큰 능력이고 은혜입니다.

제가 좋아하는 시편 128편 말씀으로 이 장을 마칠까 합니다. 성전에 올라가는 자와 그의 가족에게 주시는 은혜에 대한 시입니다.

"여호와를 경외하며 그의 길을 걷는 자마다 복이 있도다 네가 네 손이 수고한 대로 먹을 것이라 네가 복되고 형통하리로다 네 집 안방에 있는 네 아내는 결실한 포도나무 같으며 네 식탁에 둘러앉은 자식들은 어린 감람나무 같으리로다 여호와를 경외하는 자는 이같이 복을 얻으리로다"(시 128:1-4).

1

지인이나 친구보다 가족 간에 믿음이 다르거나 깊이가 다를 때 왜 더 마음이 아플까요? 당신과 당신의 가족은 어떻습니까?

2

나의 영적 변화는 가족들에 대한 나의 사랑도 성장하고 성숙할 수 있도록 할 것입니다. 그 관점에서 시편 128편에 나온 것처럼 나의 하나님에 대한 경외와 순종이 왜 가족들까지 복되게 할까요?

3

하나님이 당신의 기도에 응답하심으로 당신에게 지혜를 주시거나 상황을 바꾸셨던 일이 있었습니까? 그런 일이 있었다면 그 이후에 하나님에 대한 당신의 생각이 어떻게 바뀌었습니까?

이제 이 책의 마지막 장입니다. 여기서는 믿는 사람이 갖게 되는 크리스천적 삶의 모습이 어떤 것인지에 대해 나누고자 합니다. 그것은 참으로 다양한 모습일 것입니다만 그 안의 핵심은 크게 다르지 않을 것입니다. 제가 생각하고 겪어온 키워드 두 가지를 가지고 그 원리를 말씀드려볼까 합니다.

첫 번째는 우리 스스로의 계획이 아닌 하나님의 이끄심으로 삶이 움직인다는 것입니다. 사실 우리 인간이 치밀하고 논리적인 계획을 세우더라도 상황이 계획한 대로 되어지는 경우는 별로 없는 것 같습니다. 또 우리가 계획할 때 가까운 미래의 것은 어느 정도 알고 대비할 수 있겠지만 먼 장래의 일을 내다보는 것은 정말 어렵습니다. 우리의 노력도 그렇습니다. 오늘 내일 할 노력에 대해서는 자신 있게 말할 수 있어도 올해 내년 그리고 앞으로 10년 동안 애쓸 부분이 무엇인지 오늘 확신 있게 장담하기는 쉽지 않습니다.

저도 계획을 자주 그리고 치밀하게 세우기 위해 노력하던 사람이었습니다. 대학을 진학해서 전공을 통해 어떤 진로를 택할지 여러 경우의 수와 그에 필요한 준비 과정과 관련 정보, 그렇게 되어질 가능성 및 그에 따르는 리스크와 리워드(Risk And Reward) 등을 나름 면밀하게 조사 분석하기도 했습니다. 제가 대학 3,4학년 때 생각했던 것은 졸업 후 기업에 취직하거나, 공무원 고시를 보거나, 변리사와 같은 전문직을 갖는 것이었습니다. 우리 집에서 해외 유학을 간 사람도 없고 형편도 좋지 않아 그것은 제 계획에 없었습니다.

그런데 저는 결국 유학을 갔습니다. 학위 과정이 끝날 즈음에 같은 전공 선배들의 여러 케이스 분석을 해보니, 한국 귀국 후 회사로 취직 혹은 한국이나 미국 교수직이 가장 가능성이 있었습니다. 그 당시 미국 대기업에 취직하는 것은 911 테러 이후 몇 년간 채용이 줄고 특히 외국인에게 그 문이 좁아진 상태였고 제 성격에도 맞지 않을 것으로 생각되었습니다. 하지만 저는 생각하지 않던 미국 회사에서 일하게 되었고 그것도 십수 년을 일했으며 앞으로도 미국 내 산업계에 있을 것 같습니다.

아내를 만난 것 역시 제가 생각했던 방법이 아닌 하나님이 주신 뜻밖의 은혜였고, 몇 차례 회사를 옮겼던 것도, 시나리오에 없었던 반도체, 온라인 상거래, 전자, 패션 산업계 분야를 오가게 되었습니다. 어느 하나 나의 계획과 예상대로 이루어진 것이 없습니다.

그러나 그 모든 상황 속에서 한 가지 일관된 것이 있었습니다. 그것은 나의 의지와 계획이 아닌 하나님의 도우심과 인도하심으로 되어졌다는 것과 내가 세웠던 그 어떤 계획보다 결국 더 나은 길이었다는 것입니다. 저는 요즘 계획을 많이 세우지 않습니다. 물론 당장 닥친 일들에 대해서는 그 계획과 실행에 최선을 다합니다만 몇 년 후 그리고 그 이상에 대해서는 많은 걱정을 하지 않습니다. 앞으로의 삶도 하나님께서 나의 인생이라는 배의 항해사가 되실 것을 알기 때문입니다.

또 하나의 중요한 모습은 믿는 사람의 삶 속에 자리잡는 하나님의 사랑입니다. 그리스도인들에게는 결국 영원한 승리의 삶을 사는 것이 이미 예수님의 죄 사함과 구원을 통해 확정되어 있습니다. 그것은 멋진 해외여행을 기다리며 항공권을 손에 잡고 기대하는 마음으로 지내는 것 이상의 의미가 있습니다. 왜냐하면 믿음을 가지고 사는 이들은 천국에 이르는 그날까지 이 땅에서 살아가는 방식이 완전히 바뀌기 때문입니다. 유한한 세상 속에서 다른 사람 혹은 낯선 상황에 대해서도 천국의 소망을 가진 자로서 담대하고 넉넉히 품을 수 있는 성품이 생깁니다. 그것은 우리를 위해 고통당하신 예수님을 생각할 때 믿음의 삶 속에서 당할 수 있는 고난을 이겨내는 힘을 얻기 때문이기도 합니다. 나에게 하나님의 사랑이 보이기 시작하면 주위 사람들이 먼저 그것을 느낍니다. 그리고 선은 또 다른 선을 낳습니다.

저도 그 사랑의 힘을 체험했습니다. 제가 유학생활을 마치고 첫 직장에서는 물론이고 요즘 가장 각광받는 기술 회사인 이른바 FANG (Facebook, Amazon, Netflix, Google) 중 하나인 아마존에 입사했을 때에 저의 마음가짐은 색다른 사회생활에 대한 기대감과 특히 미국 기업 환경에서의 도전 정신을 합친 것이었습니다. 한마디로 모든 일에 파이팅이 넘쳤습니다. 무언가를 보여주겠다고, 무언가는 되어보겠다며 밤낮 일했습니다. 낮에는 북미팀과 업무를, 밤에는 아시아팀과 자정이 넘게까지 회의를 하고 이메일로 상부에 보고하면 십 분도 되지 않아 제 상사도 새벽에 자지 않고 그다음 임무를 보내오는 분위기에서 근무하던 때였습니다. 저는 주위 동료들과 좋은 관계를 유지하면서도 결국 이들과는 경쟁하여 이겨야 할 사람들이라는 것을 잊지 않았습니다. 매일 싸움닭같이 동료들과 논쟁하며 성과를 챙겨야 했습니다. 일이 잘될 때는 기분이 좋았지만 제대로 인정받지 못하는 것 같을 때면 스스로를 자책하고 도움이 되는 사람과 그렇지 못한 사람들을 마음속에 나누었습니다. 처세에 대한 책과 회사 안팎에서 성공한 분들의 조언에도 귀를 기울였습니다.

그렇게 수년의 직장생활이 지나고 직장에서의 제 생각과 태도가 변한 것은 몇 년 전부터였습니다. 비록 경력에는 도움이 되는 시간이었을지 모르지만, 나 자신의 평강과 풍성한 삶과는 거리가 있는 그간의 삶의 모습을 4,50대까지 가져가고 싶지 않았습니다. 자존심을 가지고 지켜온 전문지식과 회사에서의 성공이 나의 진실한 행복과는 별 상관이 없고 어쩌면 그것이 오히려 스스로를 고되게 하는 것임을 묵상 중에 깨닫게 되었습니다. 이곳 포틀랜드에 오고서는 하나님께 이렇게 서원하였습니다.

"이제 더욱 하나님과 가까이 있겠습니다. 주님이 말씀하신 대로 하나님 사랑과 이웃 사랑을 위해 그간의 경쟁심과 자존심을 내려놓고 주위 지체들에게 더 나누고 사랑하며 온유하고 먼저 다가가는 사람이 되겠습니다."

이 회사에서는 동료들과 더 웃고 농담도 하며, 미국 문화에 맞는 수준의 개인적인 대화를 많이 나누고, 일로 힘들어하는 이에게 먼저 가서 내 영역 밖의 업무라도 자진해서 도와주고, 어느 때보다 좋은 인간관계를 위해 노력했습니다. '이 사람은 전문지식과 능력이 있는 사람이야'라는 말보다는 '같이 일하면 즐겁고 힘이 되는 사람이야'라는 말을 듣기를 원했습니다. 나의 이웃들이 경쟁자가 아닌 친구가 되었습니다. 그러기를 약 8개월이 지난 어느 날 임원 승진 통보를 받았습니다. 전문지식을 기반으로 하는 위치였는데 특히 이 경우는 동료들의 강력한 추천이 없어서는 안 되는 것이었고, 단기간에 이 정도로 긍정적인 평가를 하는 경우가 많지 않다고 들었습니다.

이 일을 통하여 제가 받은 메시지는 이것이었습니다. 내 삶에서 중요한 것은 보여지는 능력이 아닌 사람 간의 관계이고, 심지어 전문성의 영역에서도 이 관계성의 원리가 우선한다는 것입니다. 저는 일에 대해 하나님께 서원할 때 회사에서의 직급 같은 것은 이미 마음을 내려놓았고, 다만 그 안에서의 관계와 사랑을 위해 기도했습니다. 믿음은 생각과 행동 그리고 가치 기준을 바꾸어 갑니다. 우리의 기도가 하나님의 방향과 일치할 때 엄청난 폭발력을 갖는 것을 봅니다. 믿는 자의 삶은 이미 구원받은 자가 갖는 넉넉하고 먼저 행하는 사랑입니다.

이 두 가지의 모습을 한 구절로 나타낸다면 '하나님이 인도하시는 사랑의 삶'일 것입니다. 힘들고 복잡한 우리 인생의 방향과 결과는 하나님께서 함께하시며 만들어주실 것입니다. 우리가 할 일은 다만 예수님의 말씀대로 하나님과 형제자매를 사랑하는 것입니다. 그 원리와 유익은 제 삶뿐만이 아닌 모든 믿는 이들의 인생을 통해서도 증명되어왔습니다. 사랑함에 힘쓰고 하나님의 인도하심을 따를 때 결국 나타나는 것은 충만한 삶이고 궁극의 행복한 삶입니다. 내가 정의한 것이 아닌 하나님이 정의하는 행복, 그 행복과 감사가 넘칠 때 일어나는 놀랍고 새로운 차원의 스토리, 이것이 하나님이 저에게 보여주시는 천국의 비밀입니다.

1

하나님의 인도하심을 따라 산다는 것이 당신에게는 구체적으로 어떤 의미
로 다가옵니까? 당신이 미래를 바라보고 대비하는 데 있어서 어떤 변화가
생길까요?

2

그와 같이 살아갈 때 결국 당신의 삶의 결과는 어떤 것이 될까요? 특별히
하나님과의 관계, 이웃과의 사랑 그리고 천국과 같은 삶에 대해 생각해보기
원합니다.

3

변화의 다음 단계는 성장입니다. 영적 성장의 방법을 소그룹에서 논의해보
기 원합니다. 단계적으로 실천 가능한 것들에는 어떤 것이 있을까요?

호모 데우스 시대를 사는 우리에게
변화를 넘어 성장으로

최근 화제가 된 책이 있습니다. 이스라엘의 예루살렘 히브리대학의 역사학과 교수 유발 하라리가 지은 《호모 데우스》(김영사, 2017)는 최근의 인공지능과 데이터 과학의 진보를 인류 문명 최대의 변화이자 위협으로 다룹니다. 현생 인류인 호모 사피엔스를 인간 진화의 마지막 단계로 보지 않고 데이터와 알고리즘을 지배하는 극소수 계층의 호모(Homo, 인간) 데우스(Deus, 신), 즉 초자연적 능력의 인간 신으로의 변화를 경계하고 있습니다.[5] 모든 기존의 가치가 허물어지고 난 자리를 이른바 데이터교(The Data Religion)가 채우게 되며[6] 결국 진화

---

5 의학 및 데이터 과학의 발전으로 인류 최대의 공포인 죽음을 초월하게 될 때 국가, 종교, 경제 시스템과 같은 허구적 개념은 무너지고 인간의 쾌락주의와 결합한 브레이크 없는 인공지능의 폭주로 인류 대다수는 호모 데우스적 계층의 지배하에 잉여적 인간으로 전락하는 암울한 디스토피아의 결과를 경고합니다.

6 이 종교는 우주의 질서가 데이터의 흐름으로 재편되고 모든 가치는 데이터 처리에 기여하는 정도로 평가된다는 것이 핵심이 될 것이라고 합니다.

론에 기반한 생화학적 알고리즘과 더 정교한 전자 기술 및 컴퓨터 과학의 결합체가 인간의 능력을 넘어설 때 의식적 지능을 가진 인간은 비의식적 지능을 가진 인공지능으로 대체될 것이라는 미래 예측이 이 책에 담겨 있습니다.

하라리 교수가 날카로운 시대 비판과 기술 지식을 기반으로 이 베스트셀러를 세상에 출판했을 때 알파고, 자율주행차, 알렉사(Alexa) 계열의 인공지능 시스템들에 대한 관심과 맞물려 큰 파장을 일으켰습니다. 제가 보기에도 많은 부분 기술적인 설득력이 있습니다. 그러나 그 예측이 맞을지 아닌지는 이 글에서 제가 말하고자 하는 내용이 아닙니다.[7] 제가 나누고 싶은 부분은 이와 같은 시대적 흐름을 영적인 측면에서 어떻게 바라보아야 할 것인가에 대한 것입니다.

인간의 역사에는 많은 변화와 위협의 변곡점들이 있었습니다. 기원전과 기원후를 나누는 예수님의 탄생, 로마시대 유럽 중심의 세계 통합, 중세 이후 해양 시대와 제국주의의 물결, 20세기 경제 공황, 세계 대전쟁, 핵무기 경쟁, 냉전 그리고 포스트모더니즘의 가치 해체에 이르기까지 인간의 삶과 정신세계를 뒤흔드는 굴곡들이 있었습니다. 하라리 교수의 책에서처럼 인공지능의 미래가 과거 인간의 역사상 없던 본질적으로 새로운 것이고 그것들을 모두 뒤집을 이른바 호모 데

---

7 키워드 몇 개로 구글 검색을 해보면 간단히 알 수 있듯 최근 몇십 년간의 기술 진보 속도는 지수적(Exponential)으로 증가하고 있습니다. 그가 말하는 비의식적 인공지능이 의식적 인간지능을 기술적으로 능가할 날이 몇십 년 안에 이루어질지도 모를 일입니다.

우스 등장의 징조라고 할 수도 있겠지만 큰 축으로 볼 때, 설령 그것이 실제 실현될지도 모르는 암울한 미래라고 할지라도, 결국 인간 가치의 혼란 내지는 변화 그리고 인간 존엄에의 도전 혹은 위협일 수 있다는 면에서 이것 역시 또 하나의 인류 역사의 연장선에 있는 모습입니다.[8]

우리는 인간이 만들어내고 있는 수많은 현학적 가설 속에서 나와 하나님의 존재를 혼동할 필요가 없습니다. 그러기에는 당신의 영혼이 너무나 소중합니다. 궁극적으로 변하지 않는 것에 대한 인식과 믿음이 가장 중요합니다. 즉, 예수님의 십자가 구원과 부활 이래 성령의 권능으로 이어지게 하신 믿음의 역사에서 보듯 크리스천들은 이 세상의 과학, 문화, 철학, 종교의 격랑 속에서도 하나님 안에 있는 정체성과 거룩한 승리가 확정되어 있습니다. 그러므로 우리에게 어울리는 것은 변해가는 가설 안에서의 혼돈이 아니라 변치 않는 믿음으로 보는 실상입니다(히 11:1). 제가 찬양 중에 만났던 독수리의 날개는, 거미줄과 같이 우리를 옭아매는 세상의 모든 유혹과 가설들을 넘어서 진리와 진실의 복음으로 향해 가는 궁극의 자유였습니다. 갈라디아서 5장 1절에서 사도 바울은 외쳤습니다.

"그리스도께서 우리를 자유롭게 하려고 자유를 주셨으니 그러므

---

8 그의 예측들이 더 충격적이고 흥미롭게 다가오는 이유는 인공지능의 개념과 결과에 대해 우리가 아직 잘 모르고 여러 가설들에 흔들리고 있기 때문일 수 있습니다. 예컨대 핵 기술 및 무기와 관련한 공포의 실체와 가능성 그리고 한계성에 대해서 20세기 중반과 지금의 인식이 많이 달라졌듯 인공지능에 대해서도 향후에 더 냉정하고 실질적인 평가가 이루어질 것입니다.

로 굳건하게 서서 다시는 종의 멍에를 메지 말라."

믿음의 시작, 그것은 이미 마지막 승리의 확정입니다. 당신을 위한 예수님의 구원 사역은 십자가 위에서 완전했기 때문입니다. 당신을 진리로부터 멀어지게 했던 수많은 질문과 이유보다 당신이 입으로 시인하는 믿음의 고백이 훨씬 강력합니다. 당신의 영혼에 믿음의 변화가 일어나면 그 후로 예전에 불신앙의 질문들은 힘을 잃어갈 것입니다. 당신이 그와 같은 본질적이고 인격적이며 더 이상 중요할 수 없는 변화를 이루는 데 이 책이 조금이라도 도움이 되었다면 그 역시 주님이 그분의 영광을 위해 당신에게 예정하시고 역사하신 일입니다.

당신이 영혼의 변화를 이루어 그리스도의 이름으로 세례를 받으면 성령의 선물을 받습니다(행 2:38). 그리고 그 후 성령과 함께하는 당신의 놀라운 삶은 '변화를 넘은 성장'입니다(갈 5:13-26). 저 역시 그 과정에 있습니다. 제 성장의 삶 안에서 발견해 오고 있는 하나님의 은혜와 섭리에 대해서도, 그것이 언제가 될는지 모르지만 역시 글로 증거하고자 합니다. 그러므로 제가 2000년에 선배의 자취방에서 보고 서원했던 "내가 아는 하나님에 대해 책을 쓴다"의 기도 응답은 여전히 진행형입니다.

1

영의 세계를 생화학적 그리고 뇌신경학적 관점에서 볼 때 근거가 없다고
결론 내고, 종교가 가치 없는 인간 상상력과 죽음의 공포가 만든 산물이라
고 주장하며, 인간의 과학을 데이터교와 같이 종교화하는 역설. 인간을
신적 존재로 바라보고자 하는 호모 데우스적 사조에 대해서, 이제 믿음을
가지고 변화한 당신은 어떤 마음을 가져야 하겠습니까?

2

앞으로 당신의 삶이 어떻게 성장되기를 소망하십니까? 하나님이 지극히
사랑하시는 당신의 앞길을 주님의 이름으로 축복합니다.

나를 변화시킨 일곱 가지 질문

초판 1쇄 발행   2019년 11월 18일

지은이   손석제
펴낸이   여진구
책임편집   안수경
편집   이영주 김윤향 최현수 김아진
책임디자인   노지현 조아라 | 마영애 조은혜
기획·홍보   김영하   해외저작권   기은혜
마케팅   김상순 강성민 허병용   마케팅지원   최영배 정나영
제작   조영석 정도봉   경영지원   김혜경 김경희

이슬비전도학교   최경식   303비전성경암송학교 박정숙
303비전장학회 & 303비전꿈나무장학회 여운학

펴낸곳   규장

주소 06770 서울시 서초구 매헌로 16길 20(양재2동) 규장선교센터
전화 02)578-0003   팩스 02)578-7332
이메일 kyujang0691@gmail.com   홈페이지 www.kyujang.com
페이스북 facebook.com/kyujangbook   인스타그램 instagram.com/kyujang_com
카카오스토리 story.kakao.com/kyujangbook
등록일 1978.8.14. 제1-22

ⓒ 저자와의 협약 아래 인지는 생략되었습니다.
이 출판물은 저작권법에 의해 보호를 받는 저작물이므로 무단 전재와 무단 복제를 할 수 없습니다.

책값 뒤표지에 있습니다.
ISBN 979-11-6504-021-5 03230

규 | 장 | 수 | 칙

1. 기도로 기획하고 기도로 제작한다.
2. 오직 그리스도의 성품을 사모하는 독자가 원하고 필요로 하는 책만을 출판한다.
3. 한 활자 한 문장에 온 정성을 쏟는다.
4. 성실과 정확을 생명으로 삼고 일한다.
5. 긍정적이며 적극적인 신앙과 신행일치에의 안내자의 사명을 다한다.
6. 충고와 조언을 항상 감사로 경청한다.
7. 지상목표는 문서선교에 있다.

하나님을 사랑하는 자 곧 그의 뜻대로 부르심을 입은 자들에게는 모든 것이 合力하여 善을 이루느니라(롬 8:28)

규장은 문서를 통해 복음전파와 신앙교육에 주력하는 국제적 출판사들의 협의체인 복음주의출판협회(E.C.P.A:Evangelical Christian Publishers Association)의 출판정신에 동참하는 회원(Associate Member)입니다.